AF522830

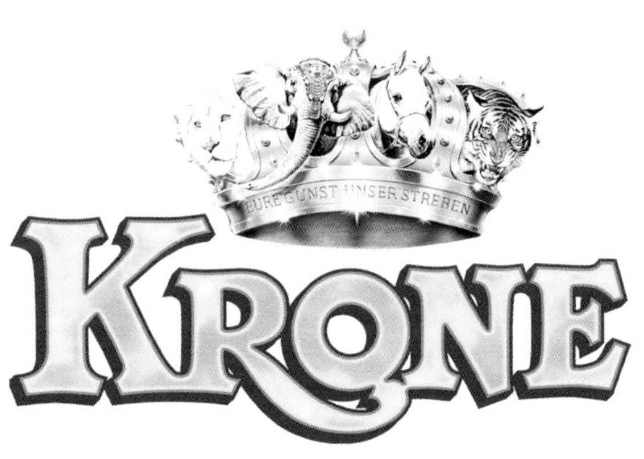
EURE GUNST UNSER STREBEN
KRONE

INA KUEGLER

MANEGE FREI!

DIE GESCHICHTE DES CIRCUS KRONE 1870 BIS HEUTE

Zweite Auflage Januar 2021
Allitera Verlag
Ein Verlag der Buch&media GmbH München

Layout und Satz: Johanna Conrad
Umschlaggestaltung: Franziska Gumpp
Gesetzt aus der Bodoni Std und der Buckwheat TC
Umschlagvorderseite: Werbeplakat Circus Krone, 1904
Printed in Europe · ISBN 978-3-96233-218-1

Allitera Verlag
Merianstraße 24 · 80637 München
Fon 089 13929046 · Fax 089 13929065

Weitere Publikationen aus unserem Programm finden Sie auf www.allitera.de
Kontakt und Bestellungen unter info@allitera.de

INHALT

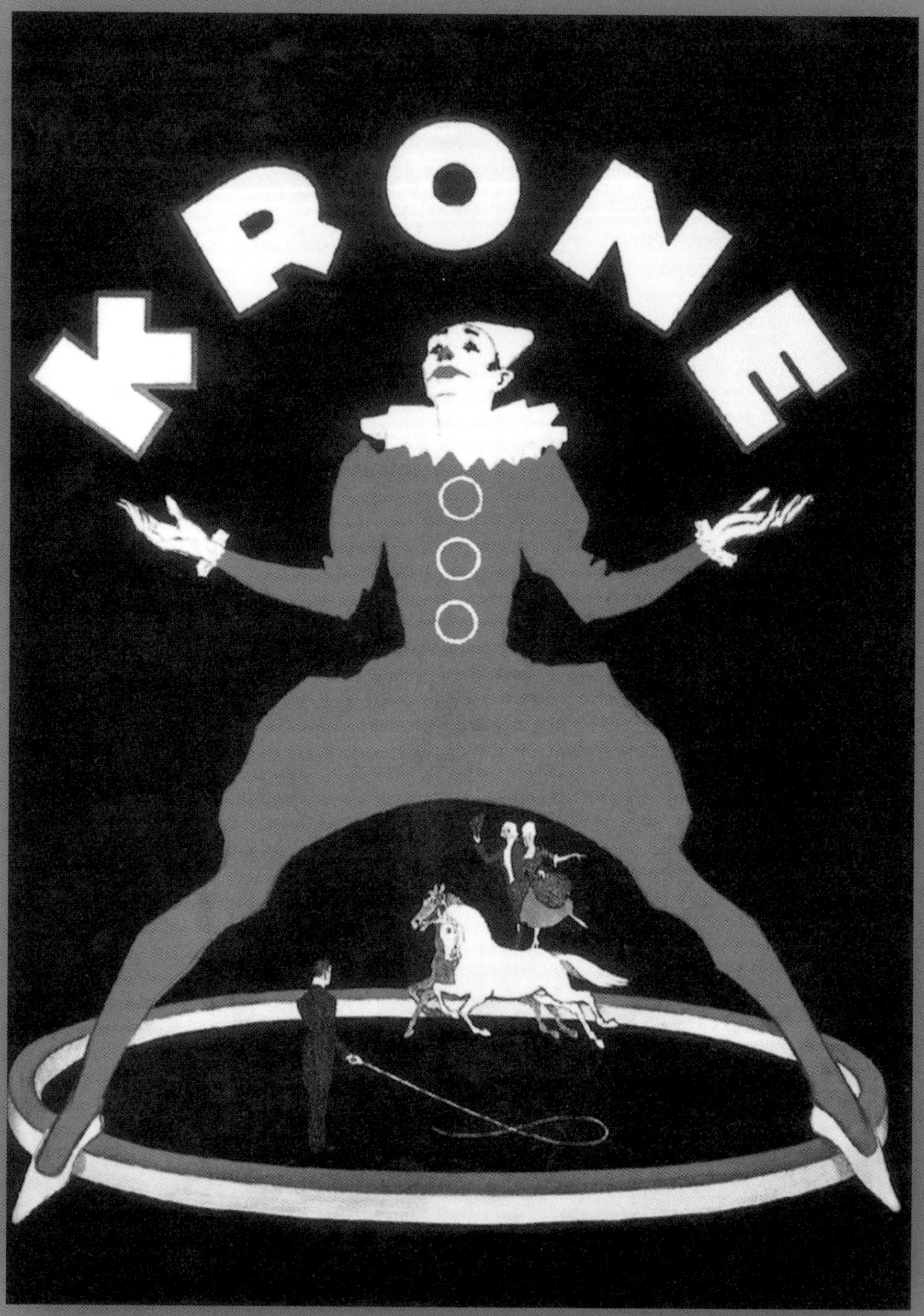
KRONE

EINFÜHRUNG

»Circus Krone – schöööööön«, haucht der weltberühmte Clown Charlie Rivel ins Mikrofon, als er 1971 ein Gastspiel in München gibt. Ganz schöööön viel Ruhm und viel Historie zieren den Circus Krone: Mit zwei Bären und einigen Wölfen beginnt das Unternehmen 1872 als Menagerie Continental, wenige Jahrzehnte später wird es Europas größter Zirkus sein und soll diese Spitzenposition für viele Jahre halten.

Die Anfänge klingen märchenhaft: Von Jahrmarkt zu Jahrmarkt zieht die kleine Menagerie, die Tierschau, durch Deutschland, bis sie sich 1905 erstmals Zirkus nennt. Der Aufstieg ist rasant: Tourneen in großen Zirkuszelten führen durch ganz Europa.

1919 baut Krone auf dem Münchner Marsfeld seinen ersten Festbau und ist seitdem mit der bayerischen Landeshauptstadt aufs Engste verbunden. Millionen Zuschauer feiern den Zirkus und seinen Zoo mit bis zu 800 Tieren. Im Jahr 1944 wird das Münchner Zirkusgebäude von Bomben getroffen. Nach dem Zweiten Weltkrieg errichten die Krones es wieder. 1962 wird der Festbau sogar erweitert. Die Manege ist frei: für Pferde, Elefanten, Raubtiere, Akrobaten, Clowns – und 1966 für die legendären Gastspiele der Rolling Stones und der Beatles.

Seit 1963 kommt der Circus Krone auch in die Wohnzimmer des Publikums: Zu ***Stars in der Manege*** versammeln sich ganze Familien vor dem Fernseher. Hildegard Knef, Marika Rökk, Romy Schneider, Gert Fröbe und viele andere Prominente schlüpfen in die Rollen von Clowns, Artisten oder sogar Dompteuren. Volker Schlöndorff lässt nichts unversucht, um endlich die schwarzen Panther des Circus Krone präsentieren zu dürfen.

Allerdings spaltet das Thema Wildtiere im Zirkus das Publikum: Die einen lehnen sie ab, die anderen kommen, um sie zu sehen. 2008 werden Wildtiere bei ***Stars in der Manege*** gestrichen. 2010 gibt der Bayerische Rundfunk das Ende der Sendung bekannt.

Zehn Jahre später, im Frühjahr 2020, bringt die Covid-19-Pandemie weltweit die Zirkusse in Bedrängnis. Tourneen müssen abgesagt werden, Einnahmen brechen weg, die Kosten laufen weiter. Selbst der renommierte Cirque du Soleil leitet das Insolvenzverfahren ein. Staatliche Hilfe für Zirkusunternehmen kommt oft spät und deckt nicht den konkreten Bedarf.

Das wohl berühmteste und schönste Plakat vom Circus Krone: Es ist aus dem Jahr 1920 unter Verwendung einer Lithografie von Adolph Friedländer. Foto: Krone-Archiv

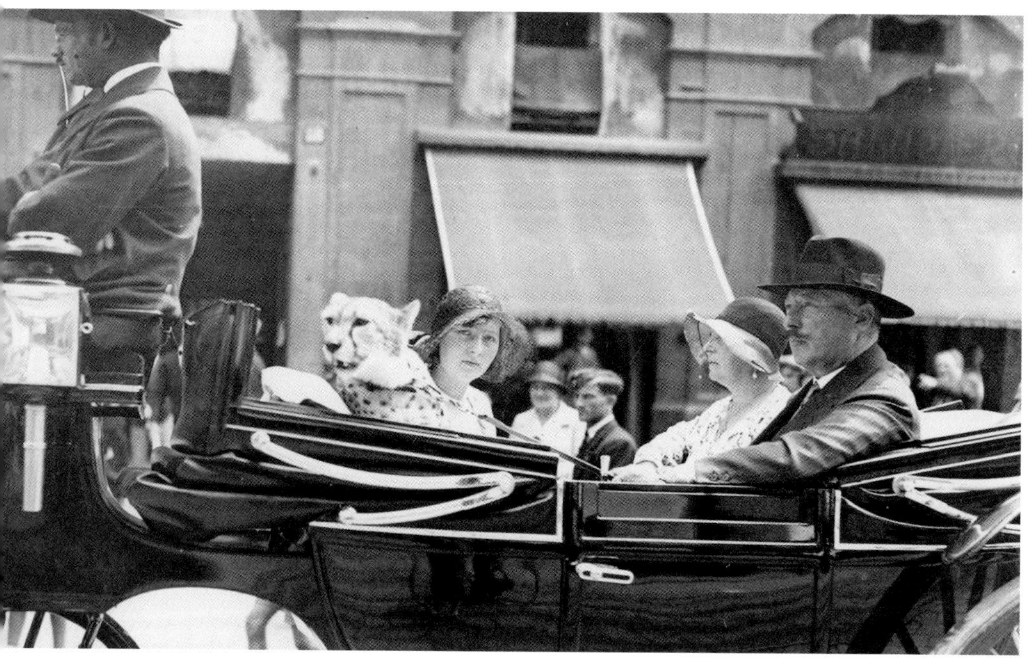

Mondäne 1920er-Jahre:
Gepard im Landauer
mit Carl und Ida Krone
sowie Tochter Frieda.
Foto: Sammlung Schoch

Krone muss seine Mitarbeiter in Kurzarbeit schicken. »Eine halbe Million Euro Kosten im Monat, ohne Einnahmen«, so fasst Krone-Direktorin Jana Mandana Lacey-Krone die wirtschaftliche Lage in der Corona-Zeit zusammen.

Statt in den Zirkus zu gehen, kann das Publikum über Monate hinweg bestenfalls ein kommentiertes Training oder eine Führung auf dem Alterssitz der Krone-Tiere bei Weßling erleben. Aber eine Zirkusfamilie wie die Krones gibt nicht so schnell auf. Martin Lacey, der den Zirkus zusammen mit seiner Frau Jana Mandana Lacey-Krone durch diese schwierige Zeit führt, versichert: »Wir machen unseren Tournee-Plan für nächstes Jahr und bleiben positiv.« Schließlich feiert Circus Krone im Winter 2020/21 bereits seinen 115. Geburtstag.

STICHWORT 1
DAS MAUSOLEUM

Ein Löwe aus Sandstein, ein Elefant aus Marmor – auf Friedhöfen in Frankfurt an der Oder und in München bewachen die in Stein gehauenen Tiere zwei Gräber und erzählen deutsche Zirkusgeschichte: Es sind die Grabstätten von Carl Krone sen. und seinem Sohn Carl Krone jun.

Vater Krone beginnt als Besitzer einer kleinen Menagerie, einer Tierschau auf dem Jahrmarkt. Der Sohn steigt zum Direktor des größten europäischen Zirkus auf. Die letzte Ruhestätte von Carl Krone sen. ist ein einfaches Reihengrab, sein Sohn ruht, zusammen mit weiteren Familienmitgliedern, in einem Mausoleum.

Die Marmorskulptur im Mausoleum ist zwei Meter lang. Sie stellt Assam dar, die Lieblings-Elefantenkuh von Carl Krone jun. Um Assam ranken sich etliche Legenden. 1898 geboren, kommt das Tier 1913 in den Besitz von Carl Krone jun. Assam und ihre Kollegin Katschi entpuppen sich als große Herausforderung. In Lyon toben sie so lange in ihrer Transportkiste, bis sie ausbrechen können. Kaum eingefangen, entschließen sich die beiden Elefantendamen erneut zur Flucht. Erst eine große Dornenhecke kann sie stoppen. Carl Krone gelingt es, Assam zu besänftigen: Mit einer Futtertasche geht er neben der Elefantin her und steckt ihr immer wieder gelbe Rüben zu. Assam wandelt sich zur lammfrommen, freundlichen Elefantin, die in ihrer Herde sogar als Streitschlichterin hervortritt – besonders dann, wenn Carl Krone (so berichten Zeitzeugen) ihr ins Ohr flüstert.

Assam stirbt 1942, Carl Krone jun. ein Jahr später. Trotz des seit knapp vier Jahren wütenden Krieges bricht der Circus Krone am 1. Juni 1943 zu seiner Sommertournee auf. Erste Station soll Salzburg sein. Am 5. Juni 1943 meldet die ***Salzburger Zeitung***: »Im 73. Lebensjahr, jedoch unerwartet, starb in Salzburg um 5 Uhr 20 morgens inmitten seines Lebenswerks Zirkusdirektor Carl Krone. Bis zum letzten Atemzug war er unermüdlich in seiner Wagen- und Zeltstadt am Werke gewesen und noch am Donnerstag hatte er der Abendvorstellung seines Unternehmens bis zum Schluss beigewohnt.«

Die Trauerfeier für Carl Krone in Salzburg geht in die Zirkusgeschichte ein: Blumen, Palmen, Lorbeerbäume schmücken die Manege, in der der Verstorbene aufgebahrt liegt. Zum Abschluss der Feier, so erzählt man sich in Artistenkreisen, soll das Zirkusorchester den Triumphmarsch aus der Verdi-Oper Aida gespielt haben. Diese Fanfaren hätten die in den Zelten stehenden Elefanten daran erinnert, dass sie eigentlich zu ihrem Aufritt in die Manege sollten. Die Elefanten hätten daraufhin trompetet. Wahrscheinlich gehört diese Erzählung jedoch ins Reich der Legenden.

Glaubwürdiger liest sich der Bericht in der ***Artisten-Welt***. Am 20. Juni 1943 schreibt sie, das Orchester habe »Ases Tod« aus Edvard Griegs Peer-Gynt-Suite gespielt. Weiter heißt es: »Unter den Klängen des Liedes vom guten Kameraden bildete die Gefolgschaft ein Ehrenspalier. […] Nicht nur die große Gefolgschaft nahm tiefergriffen stillen Abschied von ihrem Betriebsführer und lieben Vater, auch die Tiere riefen ihm mit ihren Lauten einen Gruß zu.«

Eine zweite Trauerfeier für Carl Krone folgt am 9. Juni 1943 auf dem Münchner Waldfriedhof – und sie ist ein Zeugnis dafür, dass die Zirkuswelt nicht nur Legenden über exotische Tiere und waghalsige Akrobaten liefert, sondern in den Strudel der Zeitgeschichte gerät, politisch vereinnahmt wird. Einen ausführlichen Bericht über die Beisetzung von Carl Krone bietet wieder die ***Artisten-Welt***, ein NS-Organ. Hier ist von Tausenden, ja »Abertausenden« von Trauergästen die

Rede. »Überreiche Kranzspenden des Führers, des Reichsministers Dr. Goebbels [...] zeugten von der Verehrung und Trauer, die dem Toten galt. [...] Den Frack zierten Auszeichnungen der Partei, die italienischen und die spanischen Orden. [...] Eine Ehrengefolgschaft der HJ war mit ihrem Gaumusikzug angetreten.« Gegen Ende des Berichts heißt es: »Dann legte Gauleiter Gießler den Kranz des Führers nieder. [...] Das große Kondolenzbuch findet seine krönende Bereicherung in den Telegrammen von Reichsmarschall Hermann Göring, von Reichsminister Dr. Goebbels, des Duce und vieler Handschreiben aus Partei, Staat, Stadt und Wehrmacht.«
Dass die NS-Machthaber Carl Krone für sich beanspruchen, soll dem eigenen Ruhm dienen, erinnert aber auch daran, dass Hitler bereits in den frühen 20er-Jahren des 20. Jahrhunderts im Münchner Circus-Krone-Bau auftrat. Ob Carl Krone ein Anhänger der NSDAP war, ist heute schwer zu sagen – das Entnazifizierungsverfahren der Jahre 1946/47 hat den Direktor jedenfalls entlastet. Erstaunlich ist aber auf jeden Fall, wie der Circus Krone dieses Verfahren und all die anderen Entwicklungen und Ereignisse der deutschen Historie meistert: Erster Weltkrieg, Inflation, Weltwirtschaftskrise, Aufstieg der Nazis, NS-Diktatur, Bombenkrieg und Währungsreform – all das kann Krones Ruhm als größter Zirkus Europas nichts anhaben, kann den wirtschaftlichen Erfolg des Unternehmens nicht aufhalten.

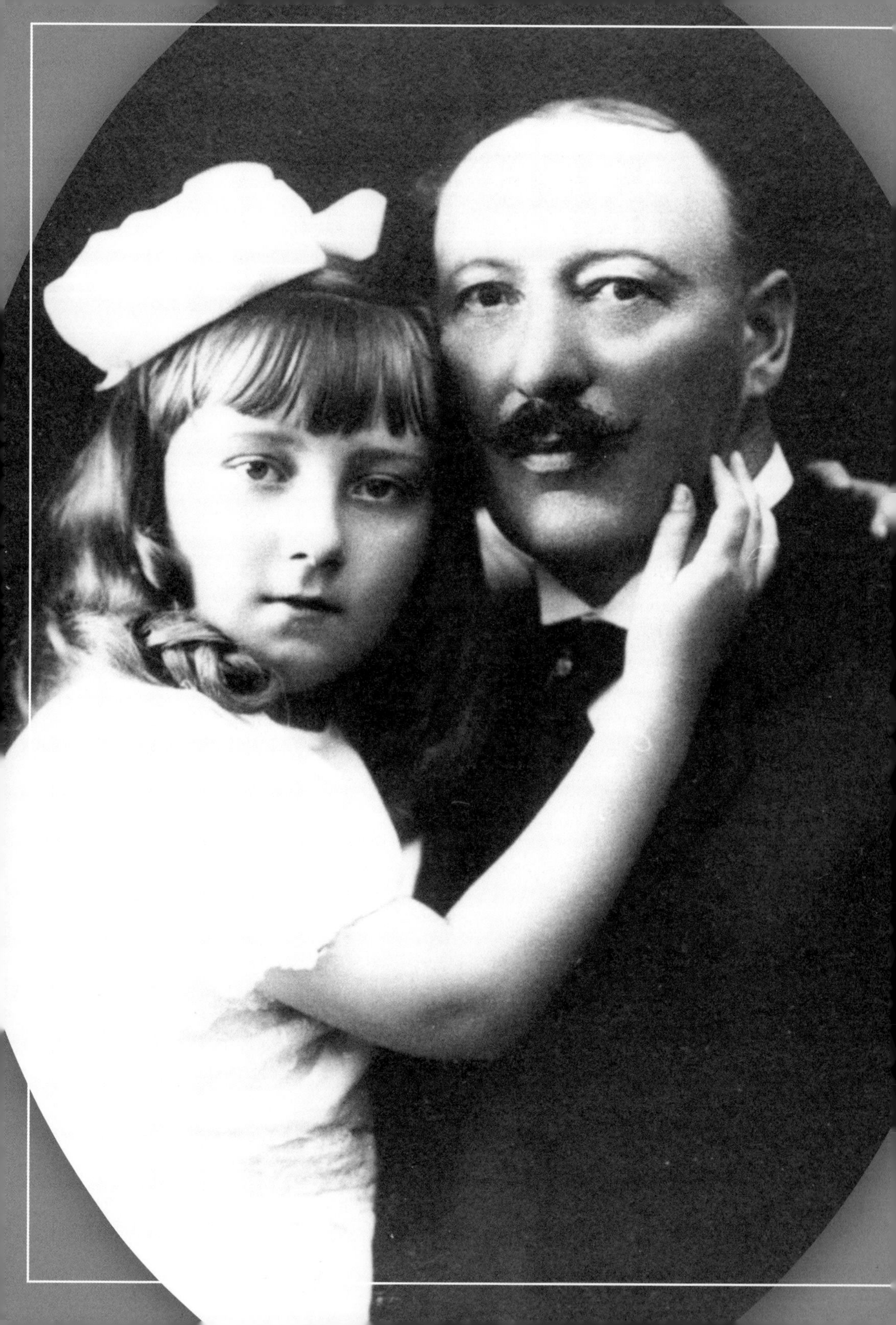

KAPITEL 1

CARL KRONE JUN. – GROSSE AMBITIONEN IN UNRUHIGEN ZEITEN (1870–1900)

Zehn Monate dauert der Deutsch-Französische Krieg 1870/71, danach haben die Deutschen einen Kaiser, während Frankreich die Monarchie abgeschafft hat. Auf deutscher Seite fallen mehr als 44 000 Soldaten.

Das Jahr 1870 markiert eine Wende in der deutschen Geschichte: Die Tage der Kleinstaaterei sind gezählt, die Gründung des Deutschen Reichs steht bevor, die Bevölkerungszahlen, insbesondere in den Städten, steigen stark an. Ein Wirtschaftsboom zeichnet sich ab.

Carl Krone sen. ist ungeduldig, seine Käfigwagen mit Braunbären und Wölfen stehen auf dem Güterbahnhof von Osnabrück, warten auf den Transport nach Münster. Die finanzielle Lage ist angespannt. Tage ohne Einnahmen können sich die Krones weniger denn je leisten. Die Zuschauer bleiben aus, seit drei Monaten führen die Deutschen Krieg gegen Frankreich. Die Weiterfahrt nach Münster verzögert sich: Friederike Krone bringt am 21. Oktober 1870 einen Sohn zur Welt. Es ist ihr viertes Kind und es soll Carl heißen.

Am nächsten Tag ist die Familie schon in Münster. Die Geschäfte laufen schlecht – nicht nur bei Krone. Auch etablierten Zirkusunternehmen setzt der Krieg zu. Die Schweizer Familie Knie muss ihre Arena auflösen. Bei Ernst Jacob Renz (siehe auch Stichwort 2: Circus Renz) sind die Vorstellungen mäßig besucht. Das Programm ist dünn – französische Artisten hat Renz entlassen, deutsche Akrobaten werden eingezogen. Immerhin kann der Zirkus seine 90 Pferde behalten – sie müssen nicht an die Front.

Carl Krone mit seiner Tochter Frieda (ca. 1919). Foto: Krone-Archiv

PFERDE IN MILITÄR UND ZIRKUS

Am 16. August 1870 kämpfen in Rezonville (einige Kilometer westlich von Metz) 5000 deutsche und französische Reiter auf ihren vor Angst halbirren Pferden gegeneinander – es ist die letzte Schlacht Kavallerie gegen Kavallerie.

Nach dem Deutsch-Französischen Krieg spielen Pferde in der Militärgeschichte kaum noch eine Rolle – sie sind nicht mehr kriegsentscheidend. Im Kampf gegen die besser ausgerüstete Infanterie verlieren Ross und Reiter an Bedeutung – die Pferde dürfen in den Ställen bleiben.

Im Zirkus sind sie weiterhin beliebt. Doch auch hier büßen sie an Renommee ein: Um das Jahr 1850 nehmen Pferdenummern noch drei Viertel des Zirkusprogramms ein, 1900 sind es nur noch 25 Prozent.

EIN FORSTARBEITERSOHN WIRD ZUM SCHAUSTELLER

Pferde machen im 19. Jahrhundert den Zirkus aus – doch die kann sich die Familie Krone vor der Jahrhundertwende nicht leisten. Die Krones fangen ganz klein, ganz bodenständig an, und zwar im Unterharz.

Die Vorfahren von Carl Krone sen. (1833 bis 1900) stammen aus Questenberg in Sachsen-Anhalt. Wie Barbara Sieblist, die Chronistin der Gemeinde, berichtet, war der Vater von Carl Krone sen. »Handarbeiter«: »Zumeist wurde im Forst gearbeitet, da kaum Ackerland zur Verfügung stand.« Damit widerspricht die Ortschronistin der These, dass der Unternehmensgründer aus einer Obstbauernfamilie stammt.

Carl Krone sen. wird mit 16 Jahren Karussellbursche und Rekommandeur (Ausrufer) auf dem Jahrmarkt.

1863 heiratet er die Amerikanerin Friederike Philadelphia (geb. 1842 oder 1849, Todesjahr unbekannt) aus Pennsylvania. Ihr Vater Friedrich Andreas Isidor Philadelphia ist Panoramabesitzer (ein Panorama ist eine Schaubude mit Guckkastenbildern). Ihr Großvater ist der berühmte Zauberkünstler und Magier Jacob Philadelphia (1735–1795). Der tritt mit seinen Kunststücken sogar in Petersburg vor Zarin Katharina II. auf, danach vor Sultan Mustafa III. in Konstantinopel, vor Friedrich II. und am kaiserlichen Hof in Wien. Friedrich Schiller verewigt Jacob Philadelphia in dem Gedicht »Laura am Klavier«. Philadelphia, der 1757 aus den USA zurück nach Europa emigriert, ist konvertierter Jude, heißt eigentlich Jacob Meyer und nimmt den Namen seiner Geburtsstadt an. Die jüdische Herkunft von Friederike Krone, geb. Philadelphia, wird im Verlauf der Krone-Historie noch eine wichtige Rolle spielen.

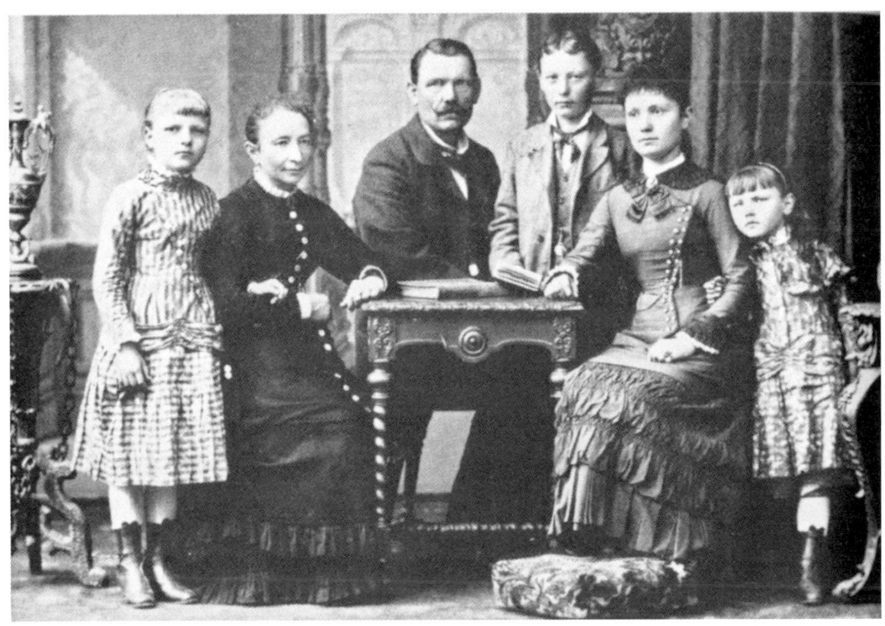

Magier und Zauberkünstler wie Jacob Philadelphia sind Ende des 18. Jahrhunderts nicht die einzigen Entertainer in höfischen Residenzen – die sogenannten Kunstreiter mit ihrer tollkühnen Akrobatik auf dem Pferderücken sind die neuen Akteure, sie touren durch ganz Europa. Der wohl bedeutendste Kunstreiter der Zeit ist der Engländer Philip Astley.

Er nimmt Abschied von der Kavallerie, erwirbt 1768 an der Londoner Westminster Bridge einen Reitplatz mit überdachter Galerie und präsentiert dort Reiterkunststücke. Ab 1770 bereichern ein Clown (»Mr. Merryman«), Musiker und weitere Darsteller Astleys Show. Es ist die Geburt des modernen Zirkus (siehe auch Stichwort 3: Kunstreiter de Bach). Aufgrund seines großen Erfolges expandiert Astley und errichtet feste Zirkusbauten in Paris und 18 weiteren europäischen Städten.

Familie Krone – ein Foto von 1882. In der Mitte das Familienoberhaupt Carl Krone sen., rechts neben ihm Carl Krone jun., daneben Friederike Philadelphia, die Mutter von Carl Krone jun. Foto: Krone-Archiv

Dass die Kunstreiterei ihren Ursprung in England hat, muss nicht weiter verwundern: England ist das Mutterland des Pferdesports. Für die oberen Gesellschaftsschichten, etwa den Adel und hochrangige Militärs, ist der geschulte Umgang mit Pferden verpflichtend. Die um 1760 in England einsetzende industrielle Revolution bringt die teilweise Entmachtung des Adels mit sich. Das hat wiederum negative Folgen für Reitlehrer, Stallmeister oder Jockeys, die neue Erwerbsquellen brauchen. Hinzu kommt, dass kleinere Handelsplätze wegen der aufstrebenden Industrie überflüssig werden und damit die Arbeit der Artisten auf Jahrmärkten gefährdet ist. Kunstreiterei ist also ein Ausweg für mehrere Berufsgruppen.

Kunstreiter wie Astley und Magier wie Philadelphia haben dem Zirkus im 18. Jahrhundert den Weg geebnet. Schausteller auf dem Jahrmarkt, zum Beispiel die Krones, sind die dritte Berufsgruppe, die den Zirkus des 19. Jahrhunderts mitbegründen wird. Circus Krone heißt im letzten Drittel des 19. Jahrhunderts freilich nicht so, noch nennt er sich Menagerie Continental.

MENAGERIE CONTINENTAL

Carl Krone sen. und Friederike ziehen als Schausteller durch die Lande, sie verkaufen ihre Schießbude und präsentieren eine »Afrikanische Negerschau« für 20 Pfennig Eintritt. Dieser ersten Völkerschau (siehe auch Stichwort 6) ist kein Erfolg beschieden, und so wird eine kleine Wandermenagerie aufgebaut. Seit Februar 1872 heißt sie Menagerie Continental (später für kurze Zeit auch Krones Zoologische Ausstellung).

Dabei kommen Carl Krone sen. einige neue Regelungen dieser Jahre sehr zupass: Die 1869 eingeführte Gewerbefreiheit verschafft ihm die Möglichkeit, mit amtlichem Segen Schausteller zu werden. Bald darauf fällt eine weitere Hürde: Bis zum Deutsch-Französischen Krieg und zur Reichsgründung erschwerten die innerdeutschen Grenzen größere Reisen, erst die Einführung einer reichsweit gültigen Wandergewerbeverordnung ermöglicht ihm, seine Pläne im ganzen Deutschen Reich zu verwirklichen. Krone kann schließlich mit seiner Familie und seinen Tieren durch ganz Deutschland reisen, weil das Eisenbahnnetz immer dichter wird.

Die Schaustellerei entwickelt sich im letzten Drittel des 19. Jahrhunderts so rasant, dass auf dem Münchner Oktoberfest die Anträge von Schaubudenbesitzern auf einen Stellplatz verlost werden müssen.

Menagerien (ursprünglich den höfischen Residenzen vorbehalten), entwickeln sich zu einer Volksbelustigung und Volksbelehrung. Sie stellen ihre Tiere nicht nur aus, sondern präsentieren – im Gegensatz zu den zoologischen Gärten – auch Dressuren. Da sie von Stadt zu Stadt durch ganz Europa ziehen, werden sie Wandermenagerien genannt. Im 18. und 19. Jahrhundert gibt es im deutschsprachigen Raum

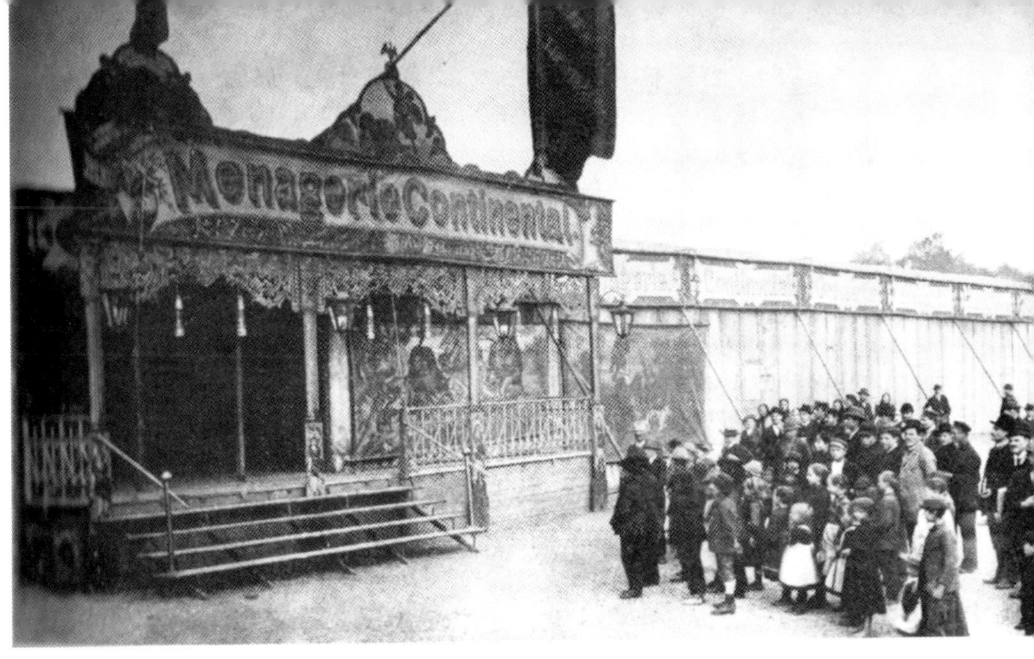

Dutzende solcher Unternehmen. Fast immer sind es Familienbetriebe. Sie locken ein breites Publikum an. Zu den Gästen zählt auch J. W. von Goethe, der sich für die ausgestellten Elefanten und Papageien begeistert.

Bis etwa 1900 entwickeln sich Menagerien und Zirkusse in Deutschland getrennt. In Amerika setzt sich der naheliegende Gedanke, die beiden Attraktionen zu verbinden, schneller durch. Schon in den 1840er-Jahren gibt es dort etliche Unternehmen, die beides bieten.

Der Maler Paul-Friedrich Meyerheim hält 1894 eine Wandermenagerie in einem Gemälde fest (»Menagerie/In der Tierbude«): Unter einem weißen Zeltdach sammelt sich das gebannte Publikum vor einem einfachen Holzpodest, die Kinder vorne, Männer und Frauen aller Altersstufen dahinter. In der ersten Reihe wendet sich ein Junge halb zur Seite, offenbar hin- und hergerissen zwischen Angst und Schaulust. Auf dem Podest stehen zwei Männer: ein dunkelhäutiger, nur mit einem Bastrock bekleidet, und ein hellhäutiger mit Stiefeln, Hemd und Hose. Auf den Schultern des dunkelhäutigen liegt ein Krokodil, dessen Maul der andere mit bloßen Händen aufreißt. Hinter den beiden steht ein Elefant, an den Füßen festgebunden mit Eisenketten. Links daneben hockt ein Affe auf einer Truhe, rechts sieht man eine lange Käfigreihe. Im ersten Käfig erkennt man einen Löwen. Über den Köpfen des Publikums flattern Papageien.

Die Menagerie Continental, die Vorgängerin des Circus Krone. Das Foto stammt aus der Mitte der 90er-Jahre des 19. Jahrhunderts. Foto: Krone-Archiv

BÄREN UND WÖLFE

In Krones Wandermenagerie können die Zuschauer zunächst nur Bären und Wölfe bestaunen. Die Tiere hausen in vier Meter langen Käfigwagen. Zum Vergleich: Zoos müssen großen Braunbären heutzutage Außengehege von mindestens 600 Quadratmetern für bis zu drei Tiere bieten, im Innengehege sind verbindbare Einzelboxen von acht Quadratmetern vorgeschrieben – so sehen es die deutschen Mindestanforderungen an die Haltung von Säugetieren vom 7. Mai 2014 vor.

Krones Konkurrenz ist schon weiter: Bereits in den 20er-Jahren des 19. Jahrhunderts werden in Deutschland die ersten Raubtiere präsentiert. Ab 1843 sind die ersten Giraffen zu sehen. Neben der bloßen Schaustellung geben die Menageristen Geschichten über ihre Tiere zum Besten. Diese Zugabe verliert nach 1860 allerdings an Bedeutung, weil die ersten Zoos in Deutschland besseren Anschauungsunterricht zu exotischen Tieren bieten. München, Krones späterer Stammsitz, ist dabei eher das Schlusslicht: Hier wird der zoologische Garten Hellabrunn erst 1911 eröffnet. Im Zoo haben zumindest einige Tiere »freien« Auslauf – in Wandermenagerien herrscht dagegen drangvolle Enge.

1872 denkt Carl Krone sen. noch in bescheidenen Kategorien: Mit zwei Bären und zwei Wölfen zieht die Menagerie Continental von Jahrmarkt zu Jahrmarkt. Sohn Carl erinnert sich in seinen Memoiren: »Wenn man irgendwo mit Hilfe einer quäkenden Drehorgel und eines ungeheuren Stimmenaufwands ein paar Leutchen zusammengetrommelt hatte, dann kroch der Vater oder der Bruder zu den Tieren in den Käfigwagen. Respektvoll erhoben sich dann die Bären auf die Hinterbeine, drehten sich einige Male um die eigene Achse und legten sich zufrieden brummend wieder auf ihren faulen Pelz.« August Heinrich Kober beschreibt in ***Rund um die Manege*** die ersten Lebensjahre von Carl Krone: »Er wuchs auf unter Tieren, musste als Junge unter dem Wagen sitzen, mit der Kette rasseln und in die Gießkanne heulen, während der draußen stehende Vater dem Publikum erklärte: ›Hört Ihr, wie die Tiere brüllen?‹«

Der hochtrabende Name Menagerie Continental findet wenig Entsprechung in der Realität des Unternehmens. Überschreiten die Tageseinnahmen einmal 30 Mark, gibt es, so erinnert sich Carl Krone jun., Butter statt Margarine.

Dompteur Charles lässt sich für seine Auftritte eine schicke Uniform schneidern (1888). Foto: Sammlung Schoch

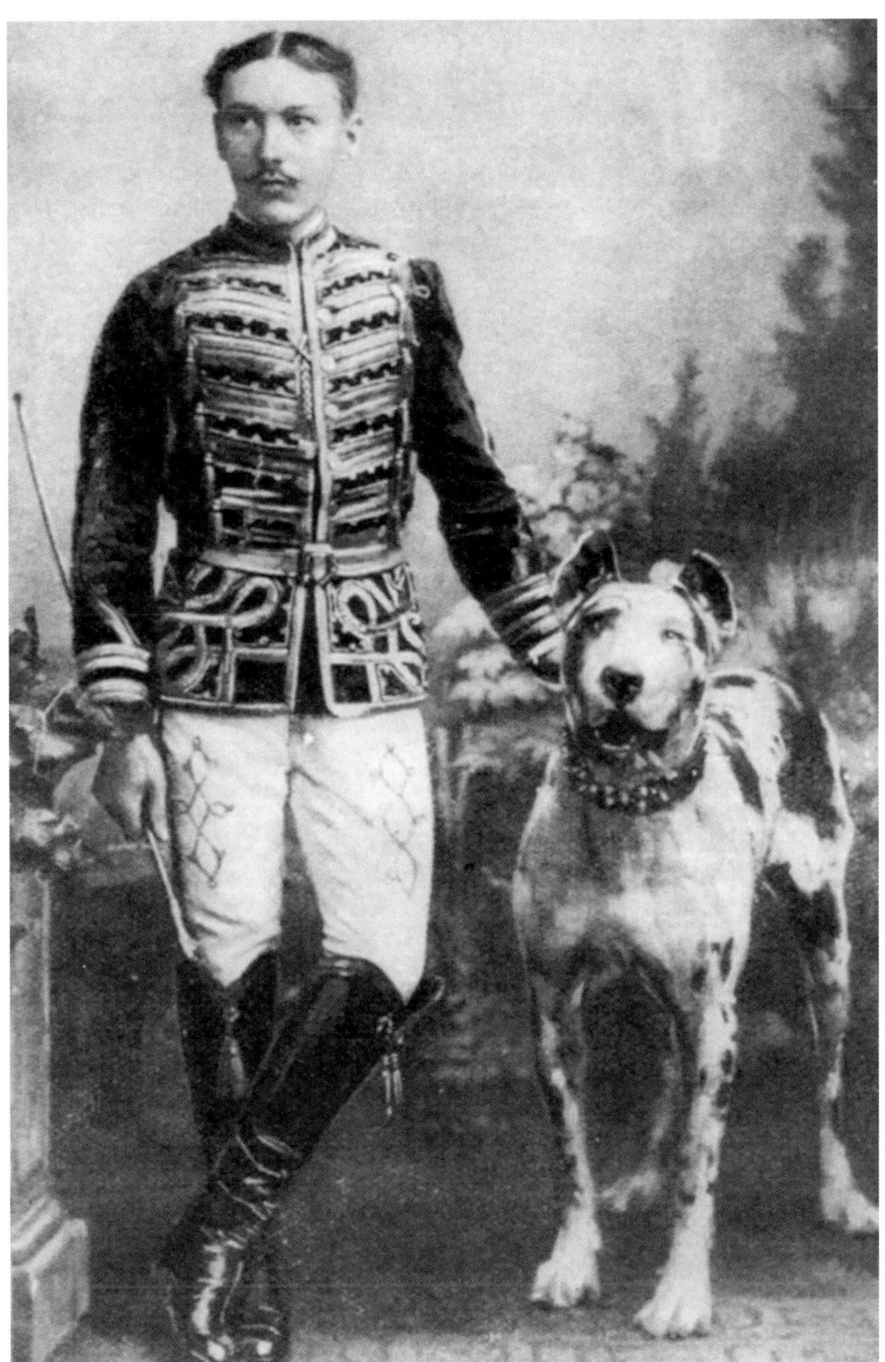

BRUDER FRITZ STIRBT

Als Carl Krone jun. vier Jahre alt wird, treten er und der zehn Jahre ältere Bruder Fritz zum ersten Mal gemeinsam auf. Der Vater steht vor dem Zelt und ruft: »Hereinspaziert, hereinspaziert. Hier, meine Herrschaften, sehen Sie die größte Raubtierdressur der Welt!« So erzählt es Carl Krone später Franz Xaver Dworschak. »Vor unserem Käfigwagen standen vielleicht 5 Besucher. Mutter saß an der Kasse.« Die Brüder Carl und Fritz führen im Käfigwagen das Kunststück »Lebende Barriere« auf. Fritz treibt die Raubtiere mit einem Stock und einer Holzgabel auf Podeste. Carl muss sich ducken – und die Wölfe springen über den Jungen hinweg. Als eines Tages ein Wolf eine fingertiefe Wunde in den Rücken des Kleinen ritzt, sagt der Vater zum Vierjährigen: »Bück dich halt nächstens besser.«

Zwei Jahre spielt Carl »lebende Barriere«, dann schickt ihn der Vater nach Berlin in die Schule. 1876 ist ein neues Volksschulgesetz in Kraft getreten. Die Schulpflicht gilt ab dem sechsten Lebensjahr und endet mit dem 13. Carl Krone jun. lebt in seiner Schulzeit bei seinem Onkel Rudolph Philadelphia.

Zusammen gehen sie in eine Vorstellung von Circus Renz, dem damals größten deutschen Zirkus. Er bietet ein täglich wechselndes Programm, das er in einem Festbau mit 8 000 Plätzen präsentiert. Dieser Zirkusbesuch macht wohl einen tiefen Eindruck auf den Jungen. Vielleicht schämt er sich der ärmlichen Unternehmungen seines Vaters, vielleicht schmiedet er auch schon Pläne, es später anders zu machen: größer, solider, prachtvoller. Sicher ist jedenfalls, dass der Kontrast nicht hätte größer sein können. Hier die Käfigwagen der Krones mit ihren springenden Wölfen und müden Bären – dort der riesige Circus Renz mit seinem imposanten Gebäude, den vielen Tieren und gut geschulten Artisten.

Bruder Fritz zeigt unterdessen seine Tierdressuren. In Linum im Havelland greift ein Bär ihn an. Fritz Krone wird so schwer verwundet, dass er nach wenigen Tagen seinen Verletzungen erliegt. Von diesem Verlust schockiert, stellt Vater Carl vorerst all seine Dressuren ein.

Sohn Carl beendet die Schule und ist dafür ausersehen, in Zukunft den Schriftverkehr für die Menagerie Continental zu führen. Die Krones schaffen sich neue Tiere an: eine Hyäne, mehrere Affen, ein Lama, den blinden Löwen Rex. Das Jahr 1883 beendet Carl Krone sen. mit – so seine Schwiegertochter in ihren Lebenserinnerungen – Saisoneinnahmen von 8 477 Goldmark. Im Folgejahr touren die Krones vom 17. Februar bis zum 28. Dezember durch Nord- und Ostdeutschland. Sie gastieren in 34 Städten, darunter Potsdam, Halle, Merseburg, Köthen, Dessau, Wittenberg, Magdeburg und Helmstedt.

Zwei Jahre später schafft sich Carl Krone sen. einen Elefanten an, das Wappentier des Circus Krone. Pluto heißt das mittlerweile 41. Tier der Menagerie Continental. Es ist über drei Meter hoch und hat gewaltige Stoßzähne. Pluto verschlingt täglich enorme Mengen Heu, etliche Brotlaibe, kiloweise Karotten und anderes Gemüse und säuft bis zu 200 Liter Wasser.

Die erste Reise, die er antreten muss, erfolgt nicht mit der Bahn, das ist Familie Krone damals zu teuer. Es geht auch per pedes: Der 16-jährige Carl und Pluto schaffen die knapp 20 Kilometer lange Strecke von Vegesack nach Bremen in sechs Stunden. »Es war sehr lustig und aufregend«, erinnert sich Carl Krone. Reiten lässt sich der Elefant – sehr zum Bedauern des jungen Dresseurs – nicht. Die Zuschauer kommen in Massen und sehen am Straßenrand ein sensationelles Tier umsonst. Damit fehlen der Menagerie Continental wichtige Eintrittsgelder. Familie Krone weiß Rat: Pluto wandert von nun an nur noch mit einem rechteckigen Holzgestell mit herabhängender Leinwand durch die Lande.

Nach nur eineinhalb Jahren stirbt Pluto. Doch das kurze Gastspiel des ersten Elefanten hat gezeigt, dass Tiere aus fernen Ländern große Zugkraft haben. Ersatz besorgt der bekannte Tierlehrer Julius Seeth in Stettin. Er verkauft Sohn Krone vier junge Löwen. Pascha, Prinz, Sultan und Tarzan werden von einer Hündin gesäugt. Vom ersten Tag an gewöhnt Carl Krone jun. seine große schwarz-weiße Dogge an die jungen Raubtiere.

Der junge Carl Krone nennt sich nun Monsieur Charles und dressiert das Quartett acht Monate lang. »Stundenlang saß er zweimal täglich bei den Tieren und brachte ihnen mit unendlicher Geduld und vielen Leckerbissen in Form von Pferdefilet die ersten Dressurkunststücke bei«, heißt es bei Frieda Krone.

Nach der Dressur führt er im Käfigwagen seine Löwen erstmals vor – bis zu 27 Vorstellungen am Tag sollten folgen. In Königsberg sind Monsieur Charles⊠ Auftritte sechs Wochen lang ausverkauft.

Ende der 1880er-Jahre kauft Carl sich ein eigenes Zelt und verfolgt ein ehrgeiziges Ziel: Raubkatzen nicht mehr in den engen Käfigwagen vorzuführen, sondern in einer Arena.

Wilde Tiere hinter Gittern: Bären, Wölfe, Tiger, Löwen – sie alle werden im Käfigwagen zur Schau gestellt (ca. 1882). Foto: Krone-Archiv

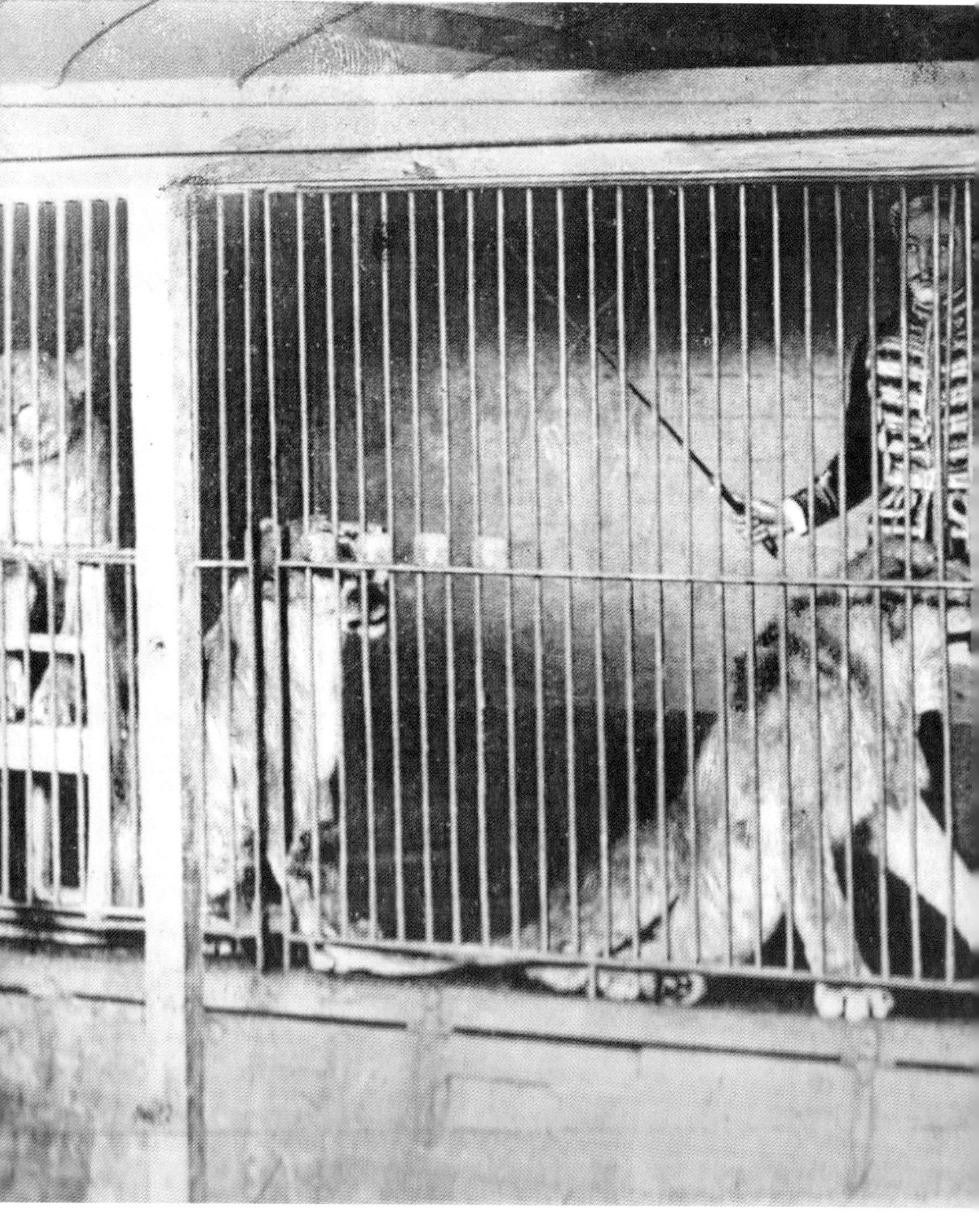

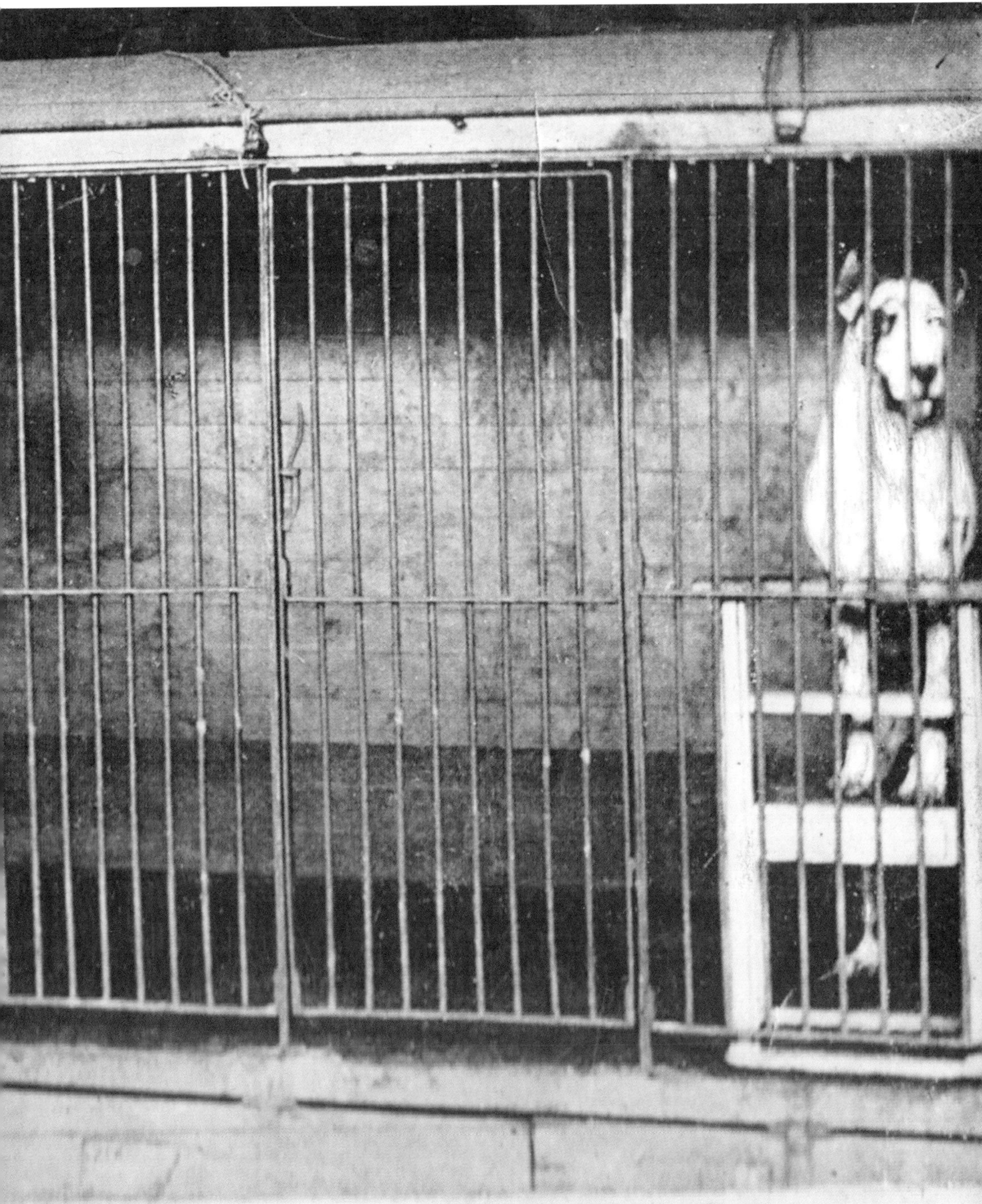

DOMPTEUR IN LEBENSGEFAHR

Carl Krone jun. will Raubtiere in Bewegung zeigen. 1892 ist es soweit: Die Dressurschule in Hamburg und ihr Leiter Carl Hagenbeck (1844–1913) geben Krone die entscheidenden Impulse.

Bis in die 1870er-Jahre war Hagenbeck ausschließlich Tierhändler. 1887 eröffnet er »Carl Hagenbeck's Internationalen Circus und Singhalesen-Karawane«. Sein Wanderzirkus zieht drei Jahre lang erfolgreich durch ganz Deutschland. In Paris begeistert er von 1889 bis 1892 mit einer Löwendressur. In Hagenbecks Dressurschule sind die besten Dompteure der Zeit engagiert. Dazu zählt auch Wilhelm Philadelphia (1854–1921).

Raubtierdompteure leben um die Jahrhundertwende und noch Jahrzehnte später sehr gefährlich, geben sich aber auch martialisch – das soll Publikum in die Manege locken.

Zirkusunternehmen werben ungeniert damit, dass Tiger oder Löwen Dompteure angefallen und schwer verletzt haben. Solche Vorfälle erinnern freilich auch daran, wie Raubtierdressuren jahrzehntelang ablaufen: Löwen und Tiger werden mit Platzpatronen aus Pistolen zum Knurren, Fauchen und Toben gebracht. Nach dieser künstlich erzeugten Aggression sollen die Raubtiere dann kriecherisch unterwürfig sein.

Carl Hagenbeck geht einen anderen Weg: Er praktiziert und propagiert seit Mitte der 1880er-Jahre die »zahme Dressur«. In seinen Erinnerungen ***Von Tieren und Menschen*** wirbt er für ein gewaltfreies, individuelles Zugehen auf die Tiere, um deren Charakter und deren Eignung für eine Dressur besser abschätzen zu können. Löwen dürfe der Dompteur mit der Peitsche »aufmuntern« und dann schelten, wenn sie nachlässig seien, aber vor allem müsse man sie loben und mit Fleischstücken belohnen, wenn sie gute Arbeit leisteten. Gute Arbeit sieht bei Hagenbeck so aus: Die Löwen nehmen verschiedene Stellungen auf Pyramiden, Stühlen und Böcken ein. »Zum Schluss«, schreibt Hagenbeck in seinen Erinnerungen, »fuhr der Dresseur sogar mit einem zweirädrigen, mit drei Löwen bespannten altrömischen Rennwagen viermal durch den Zentralkäfig – eine nie gesehene Sensationsnummer.«

DER LÖWENRITT

Einen Zentralkäfig, also einen an die Manege angepassten runden Käfig, sieht Carl Krone jun. bei Hagenbeck in Hamburg zum ersten Mal. Er ist beeindruckt von einer Raubtierdressur, die viele bis dahin nicht für möglich gehalten hätten. Zwar gab

Der legendäre Löwenritt aus dem Jahr 1892: Carl Krone mit Pferd Soliman, das mit dem Löwen Pascha seine Runden dreht. Foto: Krone-Archiv

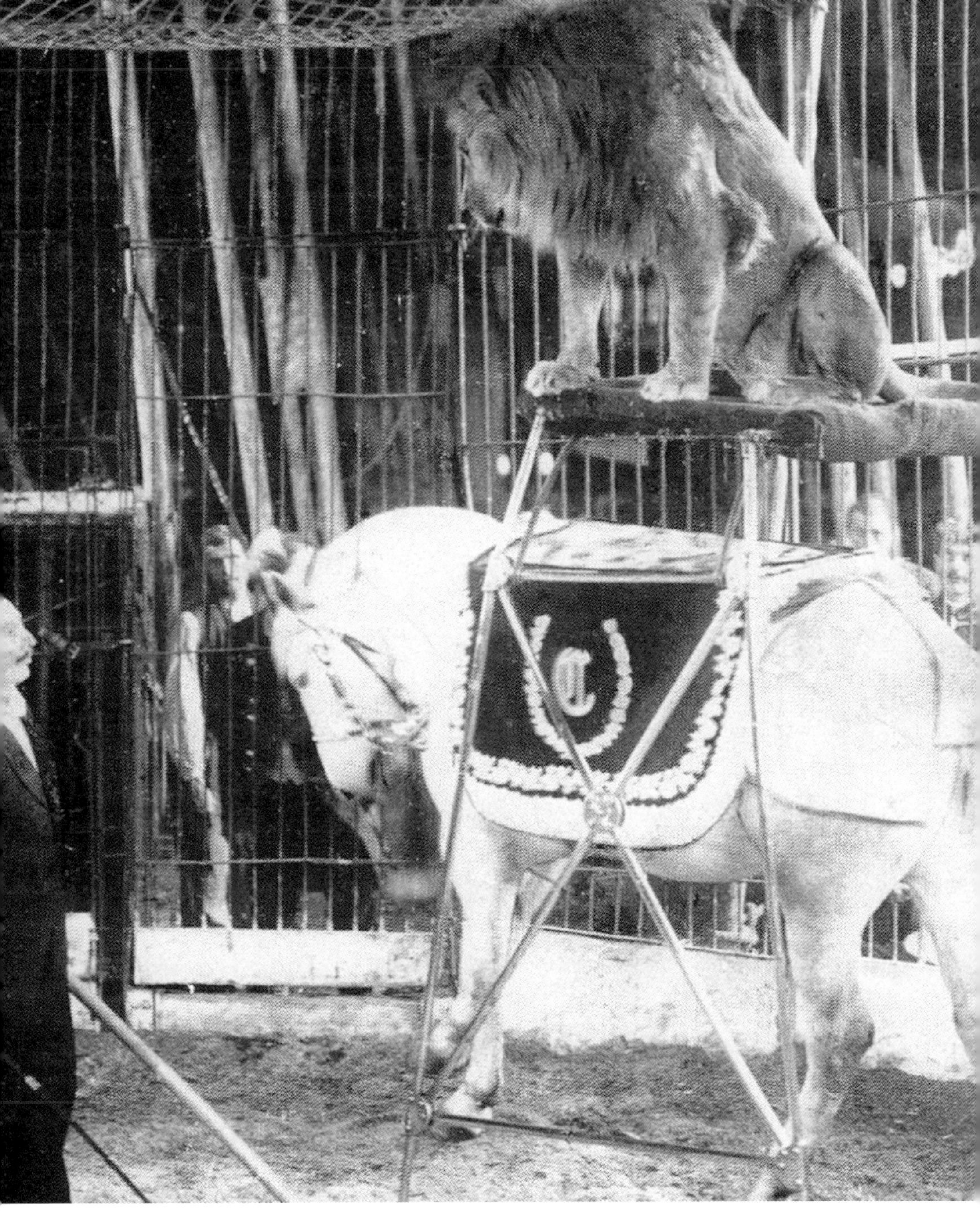

es schon vor Hagenbeck Dresseure, die wesentlich humaner mit ihren Tieren umgingen, als es allgemein üblich war (Van Amburgh, Henri Martin u.a.). Carl Hagenbeck macht sich jedoch für eine weitere Verbreitung der »zahmen Dressur« stark und kann sie erstmals auch theoretisch begründen. Seine Dressurschule in Hamburg setzt neue Maßstäbe – für Krone und andere Zirkusse.

Die Hamburger Erlebnisse prägen aber nicht nur Carl Krones berufliche Ideen, sondern auch sein Privatleben (falls dieses Wort bei einem so engagierten Zirkusunternehmer überhaupt angemessen ist). In Hamburg, nämlich beim »Affentheater Benoit-Ahlers«, lernt Krone seine spätere Frau Ida kennen.

Für seine neue Dressur wählt Krone jun. Pascha, den kräftigsten und gelehrigsten Löwen aus seinem Quartett, und das Pferd Soliman. Unermüdlich probt er für den Löwenritt, um Pferd und Raubtier aneinander zu gewöhnen. Löwe Pascha sitzt anfangs im Rundkäfig, Schimmel Soliman wird von Krone um den Käfig herumgeführt, wochenlang, monatelang. Danach lässt Krone das Pferd im Käfig traben, das Raubtier schaut von außen zu. Ein Panneau (ein dick gepolsterter Sattel) wird Soliman auf den Rücken geschnallt. Jetzt beginnt die eigentliche Dressur. Schimmel Soliman macht im Zentralkäfig eine Einzelrunde und bleibt stehen. Löwe Pascha wird in den Käfig hereingelassen und lässt sich auf einem Podest nieder. Krone knallt mit der Peitsche, Soliman dreht eine Runde.

Nach der dritten lässt Krone Pascha auf das Panneau springen. Endlich klappt es: Das Pferd trabt mit dem Raubtier auf dem Rücken durch den Rundkäfig.

Für den ersten Auftritt vor Publikum lässt sich Monsieur Charles ein neues Kostüm schneidern: eine mit goldenen Schnüren besetzte Jacke im Husarenstil, schwarze Hosen und lange schwarze Schaftstiefel. Eine geschichtsträchtige Dressur im passenden Outfit – die vielleicht noch größere Sensation ist aber der Zentralkäfig, der in der Manege aufgebaut werden kann. Carl Krone übernimmt diese geniale Idee von Hagenbeck und fügt ein wichtiges Detail hinzu: Damit die Raubtiere, ohne das Publikum zu gefährden, in den Zentralkäfig gelangen können, baut er ein Laufgitter zwischen Käfig und Manege. »Roch das nicht schon ein wenig nach einem richtigen Circus? Im Geiste sah ich schon endlose Bankreihen, die sich arenaartig um den Vorführungsraum dehnten«, erinnert sich Monsieur Charles.

LOGEN UND PARKETTSTÜHLE

Ein richtiger Zirkus ist Krone 1892 noch nicht – aber die Menagerie Continental wird immer größer. Erstmals gibt es 1893 nicht nur Stehplätze, sondern auch Logen- und Parkettstühle. Die Eintrittskarten (sie werden noch immer von Friederike Krone verkauft) kosten 1,50 Mark für die Loge, eine Mark fürs Parkett und 50 Pfennig der Stehplatz. Mittlerweile hat die Menagerie ein zweites Zelt, ein Rundzelt von 20 Metern Durchmesser. Carl Krone jun. erinnert sich: »In der Mitte errichtete ich den runden Käfig und ließ rundum die Bänke aufstellen. Damit verlegte ich zum ersten Mal die Dressuren aus dem engen Raum der Wagen in diesen nach allen Seiten offenen Rundkäfig.«

Im Oktober 1898 gastiert Krone in Preetz in der Nähe von Kiel. Tausende Handzettel werden verteilt, Plakate werben für die Vorstellungen von »Europas Größtem Menagerie Circus«. Parallel zu den Darbietungen mit Musikkapelle wird ein »reichhaltiger Thierbestand« angekündigt: »Riesenlöwen«, Königstiger, Leoparden, »Rieseneisbären«, Hyänen, Wölfe und Bären. Frl. Rose führt die ausgewachsenen Hyänen und Wölfe vor, Frl. Helene den wild eingefangenen Löwen Seida.

Die Sensation ist natürlich der Auftritt des berühmten Dresseurs Monsieur Charles. Er zeigt »Die Löwen zu Pferde als Kunstreiter«. Zu Pascha haben sich inzwischen die Löwen Othello und Sultan gesellt. Es gibt täglich zwei Vorstellungen, am Sonntag drei.

Als Notabene wird auf dem Krone-Zettel in Preetz vermerkt: »Schlachtpferde, Kaninchen und Tauben werden täglich angekauft.« Nach dem Gastspiel in Preetz reist der Menagerie-Circus Krone weiter – in Osnabrück war er 1870 noch mit zwei Wagen unterwegs, die von gemieteten Pferden gezogen wurden, jetzt, keine 30 Jahre später, sind es 13 Eisenbahnwaggons.

Krone hat jetzt auch ein eigenes Pferd; bis in der Manege Dutzende der edlen Tiere traben, dauert es noch acht Jahre.

STICHWORT 2
CIRCUS RENZ

Ernst Jacob Renz (1815–1892) stammt aus einer Seiltänzerfamilie. Bis zu seinem elften Lebensjahr wird das Kind beim Seiltänzer und Kunstreiter Maxwell ausgebildet, danach beim Wiener Zirkusdirektor de Bach. Zirkusunternehmer Rudolf Brilloff wirbt den jungen Mann ab. Der Zirkushistoriker Joseph Halberson beschreibt Renz euphorisch: »Hübscher, schwarzlockiger, junger Mann, der sich auf dem schlappen Eisendraht, als Saltomortale-Reiter, Gymnastiker, Baloudespringer (Trampolin) und Athlet produzierte, in allen Fächern hervorragend.« Nach Brilloffs Tod übernimmt Renz die Geschäftsführung des Zirkus.

Ein Jahr später macht er sich selbstständig: Mit seinen drei Lieblingspferden Soliman, Clarissa und Felis ist Renz auf Wanderschaft durch ganz Deutschland und kommt 1846 endlich nach Berlin. Er unternimmt drei Anläufe, bis er sich in der Metropole etablieren kann.

Erst 1879 gelingt ihm der endgültige Durchbruch zum ersten deutschen Zirkuskönig: Er lässt einen Zirkusfestbau errichten für 8 000 Zuschauer, zu denen jetzt auch das Großbürgertum gehört. Renz bietet seinem Publikum ein täglich wechselndes Programm und, macht sich einen Namen als Veranstalter von Benefizvorstellungen. Noblesse ist angesagt: Er bietet üppige Ausstattung, prächtige Kostüme, edles Zaumzeug. Der Festbau wird mit Gaslicht illuminiert. Bei Hofe hat Renz einen guten Ruf. In seiner Glanzzeit besitzt er knapp 200 Pferde. Die Artisten reißen sich darum, bei ihm engagiert zu werden. Für Adel und Großbürgertum ist es verpflichtend, bei Renz eine Loge zu haben. Der Zirkusdirektor wird 1886 vom Kaiser zum Ritter des Kronenordens ernannt, ist mehrfacher Goldmarkmillionär. 1887 wird der Circus Renz aufgelöst.

STICHWORT 3
KUNSTREITER DE BACH

Ein Wiener Bau aus Holz ist der Namensgeber für eine ganze Branche: der Circus Gymnasticus, errichtet zu Beginn des 19. Jahrhunderts im Prater. Eine Kuppel bietet Platz für 3 000 Zuschauer, sie hat 13 Logen und drei Galerien. Innen ist sie tapeziert, außen lackiert. In der Kuppel zeigen Reiter ihre Kunst, allerdings nur nachmittags, denn abends soll das Publikum ins Theater gehen.

Der Circus Gymnasticus, eröffnet am 6. Juni 1808, ist im deutschsprachigen Raum Vorbild für Zeitgenossen und die Nachwelt. Die Idee dazu hatte Christoph de Bach (1768–1834): Er ist der erste deutsche Zirkusdirektor. Schon mit zehn Jahren stößt der gebürtige Kurländer (Lette) zur Kunstreitergesellschaft des Peter Malhyeu. De Bach (den Adelstitel hat er sich wohl selbst verliehen) heiratet die Witwe des englischen Kunstreiters Price. Er gastiert in Stuttgart, Magdeburg, Wien und Prag. Ab 1803 präsentiert de Bach nicht nur Kunstreiterei (also Artistik auf dem Pferderücken), sondern

auch Kunstfeuerwerk. Der Zirkusdirektor tourt mit seiner Truppe durch ganz Europa – im Jahr 1826 mit 40 Artisten und 50 Pferden. Es treten Seiltänzer auf, Trampolinspringer, Jongleure, Reiter, Bajazzi (Clowns) und Madame Laura de Bach, die – so berichten Zeitgenossen – »schöne reizende Frau, graziöse Tänzerin zu Pferd mit ihrem Reifenspiel«.
Nach dem Tod ihres Ehemanns – er wird 1834 mit großem Pomp in Wien beigesetzt – übernimmt Laura de Bach die Leitung der Truppe. 1852 wird der Circus Gymnasticus abgerissen.
Randnotiz: Auch München hat übrigens einen berühmten Kunstreiter: Es ist Herzog Max (1808–1888), Schwager König Ludwigs I. von Bayern. Er errichtet im Hof seines Palais in der Ludwigstr. 13 einen Zirkus, in dem er seine Kunststücke hoch zu Ross zeigt.

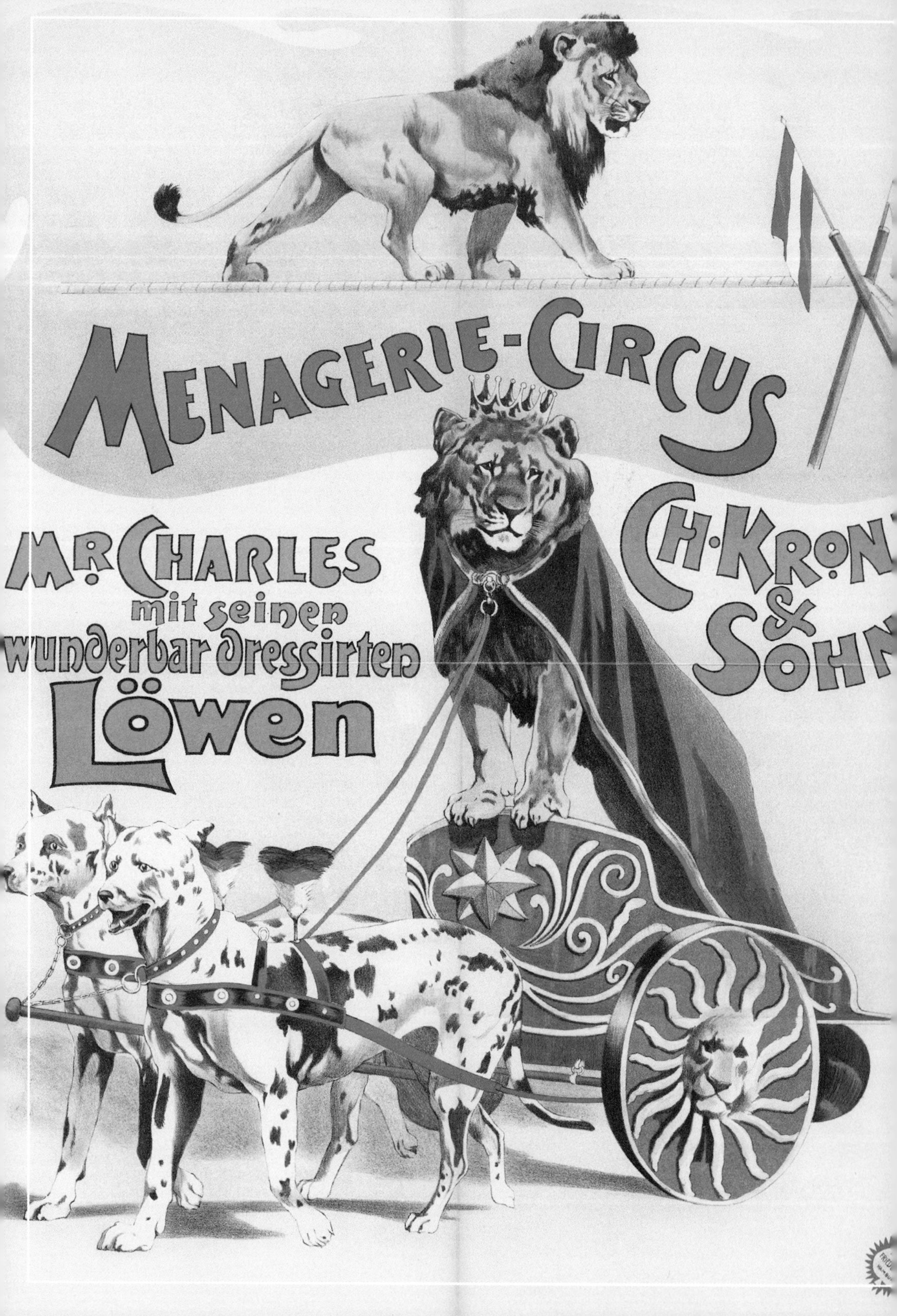

Menagerie-Circus
Mr. Charles
mit seinen
wunderbar dressirten
Löwen
Ch·Kron
&
Sohn

KAPITEL 2

JAGD AUF DIE TIERE AFRIKAS (1900)

280 Mark sollen sie kosten: zwei Schlangen, ein kleines Krokodil, eine Schildkröte und ein Pelikan. Hinzu kommen 800 Mark für das Zelt. Carl Krone hat gespart, 412 Mark. Die Schulden würde er abstottern können. An Einnahmen wären zu erwarten: 10 Pfennige Eintritt pro Person, 25 Besucher pro Vorstellung, und davon bis zu 20 am Tag. Carl Krone addiert und multipliziert. Die Rechnung geht auf. Im Jahr 1900 tourt sein Unternehmen bereits durch ganz Deutschland, es nennt sich Menagerie Charles, fünf Jahre später Circus Charles. Ab 1914 heißt es Circus Krone.

1900 – eine Zeitenwende in der Zirkushistorie: Der größte deutsche Zirkus, der legendäre Renz, ist bereits Geschichte. Er muss 1897 wegen finanzieller Schwierigkeiten und des immer stärkeren Konkurrenzdrucks aufgeben. Circus Schumann zieht in den Berliner Festbau ein. Sarrasani (siehe auch Stichwort 4) tritt an. Große Zirkuszelte, die in Nordamerika schon lange üblich sind, setzen sich auch in Europa durch. Die größeren deutschen Zirkusse haben von nun an zwei Aufführungsorte: Festbauten und Riesenzelte. Im Jahr 1900 existieren auf dem europäischen Kontinent noch rund 200 große und mittlere Zirkusgesellschaften, 1912 sind es nur noch 70 Unternehmen.

Die Jahrhundertwende läutet den Niedergang des Pferdezirkus ein. Raubtierdressuren wie der Löwenritt von Carl Krone oder waghalsige Akrobatik sind die neuen Attraktionen. Die Clownerie – auch in Verbindung mit Artistik – setzt sich durch. Sie muss sich allerdings gegen die neue Konkurrenz der Varietés behaupten. Ein weiteres wichtiges Novum hat der Zirkushistoriker Kusnezow für die Jahrhundertwende ausgemacht: Die traditionelle Zirkustruppe zerfällt. Stattdessen erhalten die Artisten nur noch kurzfristige Engagements.

Der Menagerie-Circus Charles Krone und Sohn präsentiert Löwen und Doggen (1899). Foto: Krone-Archiv

Circus Renz ist tot – es lebe der Zirkus. 1902 wird in Meißen ein neues Unternehmen gegründet, das in die Geschichte eingehen soll: der Circus Sarrasani. Sein Chapiteau (Zelt) hat 3 600 Plätze, es gibt ein Büfett und, erstmals in einer deutschen Manege, elektrische Beleuchtung. Vor allem aber hat Sarrasani den Elefanten Boy, der Fahrrad fahren kann.

Um die Jahrhundertwende feiert ein weiteres Unternehmen große Erfolge: Der 1884 eröffnete Circus Busch (siehe auch Stichwort 5) bezieht 1891 in Hamburg einen festen Bau, weitere gemauerte Steinbauten in Wien, Berlin und Breslau folgen. Im Jahr 1904 hat Busch bereits 120 Pferde, acht Elefanten, eine Kapelle mit 36 Musikern und 50 Männer Stallpersonal.

Von solchen Attraktionen kann Carl Krone um die Jahrhundertwende nur träumen. Doch weit ist der Weg von der Menagerie zum Zirkus nicht mehr. Löwen, Tiger und Leoparden ziehen mit Krone im Jahr 1898 von Stadt zu Stadt. Sieben Jahre später ist der Zug schon länger – nun hat Carl Krone auch noch Elefanten, Zebras, Panther, Kamele, Dingos, Pumas, Mufflons, Strauße, Krokodile und Pelikane »im Gepäck«.

Krone muss dennoch die Konkurrenz fürchten: Da ist zum Beispiel die Wandermenagerie Malferteiner, die 1905 unter anderem 40 Großkatzen, 20 andere Raubtiere und drei Elefanten präsentiert. Der Wettbewerb ist gnadenlos. Auf dem Münchner Oktoberfest konkurrieren im Jahr 1908 allein neun Menagerien um die Gunst des Publikums.

AFRIKAS FAUNA WIRD AUSGEPLÜNDERT

Im Laufe des 19. Jahrhunderts werden in den Wandermenagerien immer wieder Tiere aus Afrika oder Asien ausgestellt. Doch spätestens mit Eröffnung des Suezkanals 1869 erlebt der Tierhandel einen regelrechten Boom. Deutschland zählt seit den 1880er-Jahren neben anderen europäischen Staaten zu den Kolonialmächten – und die eröffnen die Hatz auf Wildtiere. Sie plündern die afrikanische Fauna aus. Die Tiere landen unter anderem bei Tierhändler Hagenbeck oder bei deutschen Zirkussen wie Busch, Sarrasani und Krone. In deren Tierschauen, die Ausmaße von städtischen Zoos annehmen, werden immer mehr Wildtiere gezeigt.

Die Jagdmethoden, der Tiertransport per Karawane, Schiff und Bahn – von all dem ahnt der durchschnittliche Zirkusbesucher damals nichts. Er fragt auch nicht nach (siehe auch Stichwort 17: Wildtiere im Zirkus).

Aber die Grausamkeiten sind belegt. Erik Baratay und Elisabeth Hardouin-Fogier schildern sie in ihrem Buch ***Zoo – von der Menagerie zum Tierpark***. Um ein Tier lebend zu fangen, wird eine spezielle Methode angewandt: »Man musste die stillende Mutter oder das Leittier töten.« Im Bericht der Tornblad-Expedition nach Kenia heißt es, »man habe ausgewachsene Giraffen zur Strecke gebracht, um auf diese Weise ein Junges zu fangen«.

Eine kurze Leidenszeit haben diejenigen Tiere, die – wie etwa viele Zebras oder Giraffen – gleich bei der Gefangennahme einen Herzschlag erleiden und sterben. Die Transporte der Tiere schildert Hagenbeck unter anderem in seinen Erinnerungen ***Von Menschen und Tieren***. In tage-, oft wochenlangen Karawanen werden die Tiere zu einem Hafen an der Ostküste Afrikas transportiert. Hagenbeck beschreibt, wie in Somalia im Jahr 1881 ein »neues Fanggebiet erschlossen« wird. »Zwischen den beiden Tieren [Dromedaren] hängt eine mächtige […] Kiste – ein Käfig, in welchem sich ein junges Nilpferd befindet. Über die Packsättel der beiden Dromedare sind zwei starke Stangen gelegt, und an diesen hängt der Käfig, der mit seinem Insassen 300 Kilo wiegt.«

An Bord geht das Elend der Tiere weiter: Im Golf von Aden gerät der Dampfer in einen »orkanartigen Sturm, wobei die meisten Transportkisten von haushohen Brechern von Deck geschleudert werden. Nur sechs Strauße und drei Antilopen erreichten lebend Hamburg.«

Christian Schmid, ein Mitarbeiter von Hagenbeck, beschreibt in seinem Buch ***Auf Großtierjagd für Hagenbeck*** einen Transport auf See folgendermaßen: »Ganz abgesehen davon, dass die meisten Tiere an ein ihnen fremdes Futter gewöhnt werden müssen, hat das Wild in den nur wenig Raum gewährenden Transportkisten und unter den klimatischen Einflüssen schwer zu leiden. Das Rollen des Schiffes übt auch auf die meisten Tiere seine Wirkung aus. Sie werden seekrank und können durch Nahrungsverweigerung leichter eingehen.« Aufgrund mangelnder Sorgfalt, so heißt es weiter, »sind so manche Exemplare nicht lebendig nach Europa gekommen«.

Nach Schätzungen der Tierhändler sterben 50 Prozent der afrikanischen und asiatischen Tiere auf dem Weg nach Europa (vergl. Baratay et al.: ***Zoo – von der Menagerie zum Tierpark***). Weiter wird berichtet: »Der Schock der Gefangennahme saß bisweilen so tief, dass – wie Dompteure feststellten – manche Tiere fast wahnsinnig in Europa eintrafen.« Deutsche Zirkusse mögen von einzelnen Details der Tierhatz und des Tierhandels in Asien und Afrika nichts gewusst haben, doch sie waren Auftraggeber, waren Profiteure. So preist das Programm von Circus Charles im Jahr 1910 die Raubtiernummer mit folgenden Worten an: »Dompteuse Miss Charles mit ihren 7 wild eingefangenen Königstigern, seit 2 Monaten in Gefangenschaft«.

Tierhandel ist profitabel. Die Preise für wilde Tiere schwanken je nach Seltenheit, Alter und Eignung zur Dressur: Löwen, von denen es Ende des 19. Jahrhunderts noch viele in der afrikanischen Savanne gibt, bringen 500 bis 1000 Francs pro Exemplar. Ein Professor an der Kunstakademie Lyon hat damals ein Jahresgehalt von 30000 Francs. Ein Nashorn ist teurer – es kostet vor dem Ersten Weltkrieg 30000 Francs, was 20 Jahresgehältern eines Arbeiters entspricht.

Die Ausbeutung der Fauna durch die Kolonialmächte stößt zur Jahrhundertwende erstmals auf Kritik. Die Londoner Konferenz des Jahres 1900 ist eine der ersten panafrikanischen Tagungen auf internationaler Ebene. Hier wird nicht nur die Diskriminierung von Menschen mit schwarzer Hautfarbe stärker ins Bewusstsein gerückt, sondern auch das Gebaren der Tierhändler und Jäger infrage gestellt.

DIE SCHULDEN DES VATERS

Löwen im Zentralkäfig, Elefanten in der Manege, Zebras in der Menagerie – damit kann Dompteur Charles fast alle Merkmale vorweisen, die einen Zirkus ausmachen. Bis es soweit ist, erlebt Familie Krone allerdings noch einige Tiefschläge.

Am 1. Februar 1900 stirbt Carl Krone sen. in Frankfurt an der Oder. Eine Lokalzeitung schreibt, dass er gesundheitlich schwer angeschlagen war, eine andere berichtet, der Menagerie-Besitzer sei an einer Verletzung durch einen Löwen gestorben. Carl Krone sen. wird auf dem Frankfurter Hauptfriedhof beigesetzt. Auf dem Grabmal aus Sandstein wacht eine Löwenskulptur.

Carl Krone sen. hinterlässt Schulden in Höhe von 24000 Mark. Die Gläubiger gewähren zunächst sechs Monate Aufschub; in zwei Jahren hat Krone jun. seine Verpflichtungen beglichen (eine Abendeinnahme beläuft sich zu der Zeit auf ca. 600 Mark).

Das Geschäft nimmt Fahrt auf, denn der neue Chef Carl Krone jun. kauft Musiker ein. Die Drehorgel hat ausgedient – sie lockt nicht genügend Zuschauer ins Zelt. Krone hatte bereits einen Musiker – jetzt sind es sieben. Die Musiker aus der Pfalz spielen auf Trompete, Posaune oder Tuba nicht nur Polkas, Galopps, Walzer und Märsche, sondern bauen auch die Zelte der Menagerie auf und ab: Das Unternehmen kann schneller reisen, kann mehr Vorstellungen präsentieren.

Außerdem engagiert Krone zwei Burschen, die als Klebekolonne Plakate in den Städten anbringen, in denen die Menagerie auftreten wird. Die kann mit einer Attraktion punkten, die schon Carl Hagenbeck sen. 1848 gezeigt hat: Zwei Seehunde erweisen sich als geschickte Jongleure. Frieda Sembach-Krone erzählt: »Für einen Hering, den man ihnen hinhält, springen sie mehr als einen Meter aus dem Wasser.« Neptun und Nixe springen oft – ihre Tagesration liegt bei sieben Kilo Fisch.

GASTSPIEL AUF DEM OKTOBERFEST, HOCHZEIT IN DER MITTAGSPAUSE

Im Herbst 1901 feiert Krone seinen bis dahin größten Erfolg: Der »Dompteur Charles – Größter Menagerie-Circus« gastiert erstmals auf dem Münchner Oktoberfest und liegt zwischen den Bierzelten Langs und Bräurosl. Die Front misst 118 Meter und ist damit die längste der Wiesn. Auf der Zeltwand prangt die selbstbewusste Botschaft: »Ohne Concurrenz!« Für die Löwennummer wirbt ein farbiges Plakat: In dessen Mittelpunkt läuft ein galoppierender Schimmel mit einem Panneau auf dem Rücken. Ein Löwe fliegt mit ausgebreiteten Pranken von hinten auf das Panneau zu. Rechts daneben stehen Dompteur Charles in seiner schmucken Uniform und eine weiß-schwarz gefleckte Dogge. Unterhalb der Szene liest der erlebnishungrige Wiesnbesucher die Schlagzeile: »Neu! Der Löwe als Kunstreiter zu Pferde. Neu!« Zwei Jahre später gastiert Krone auf dem berühmten Bremer Freimarkt – auch auf diesem Volksfest ist er der größte Schausteller.

Das Arbeitspensum bei Krone ist immens – so muss die Mittagspause reichen, um in Koblenz in der evangelischen Kirche zu heiraten. Carl Krone jun. nimmt am 12. Juli 1902 Ida Ahlers (1876–1957) zur Frau. Die beiden kennen sich aus Hamburg, aus der Zeit, als Krone seinen Löwenritt einstudiert. Die Braut ist die Tochter von Benoit Ahlers (1850–1940), dem Besitzer einer Menagerie, in der Affen und Hunde ihre Kunststücke vorführen.

Affen treten bei Gauklern schon seit Jahrhunderten auf, sie sind dem Menschen am ähnlichsten und unterhalten das Publikum mit Späßen, Akrobatik und Clownerie. Schimpansen, in Kostüme gezwängt, imitieren menschliche Verhaltensweisen perfekt, können bei Tisch frühstücken, Kaffee trinken und Zigaretten rauchen. Affen (es treten bis zu 80 Tiere bei einer Vorstellung auf) sind hervorragende Seiltänzer und Trapezkünstler und können ein ganzes Zirkus-Programm bestreiten. Schon die Eltern von Benoit Ahlers betreiben einen Miniaturzirkus mit Affen. Benoit selbst gründet 1897 sein eigenes Un-

Wilde Tiere aus Asien und Afrika: Circus Krone wirbt mit Flusspferden, Giraffen, Elefanten und Zebras – ein Plakat aus dem Jahr 1930. Foto: Krone-Archiv

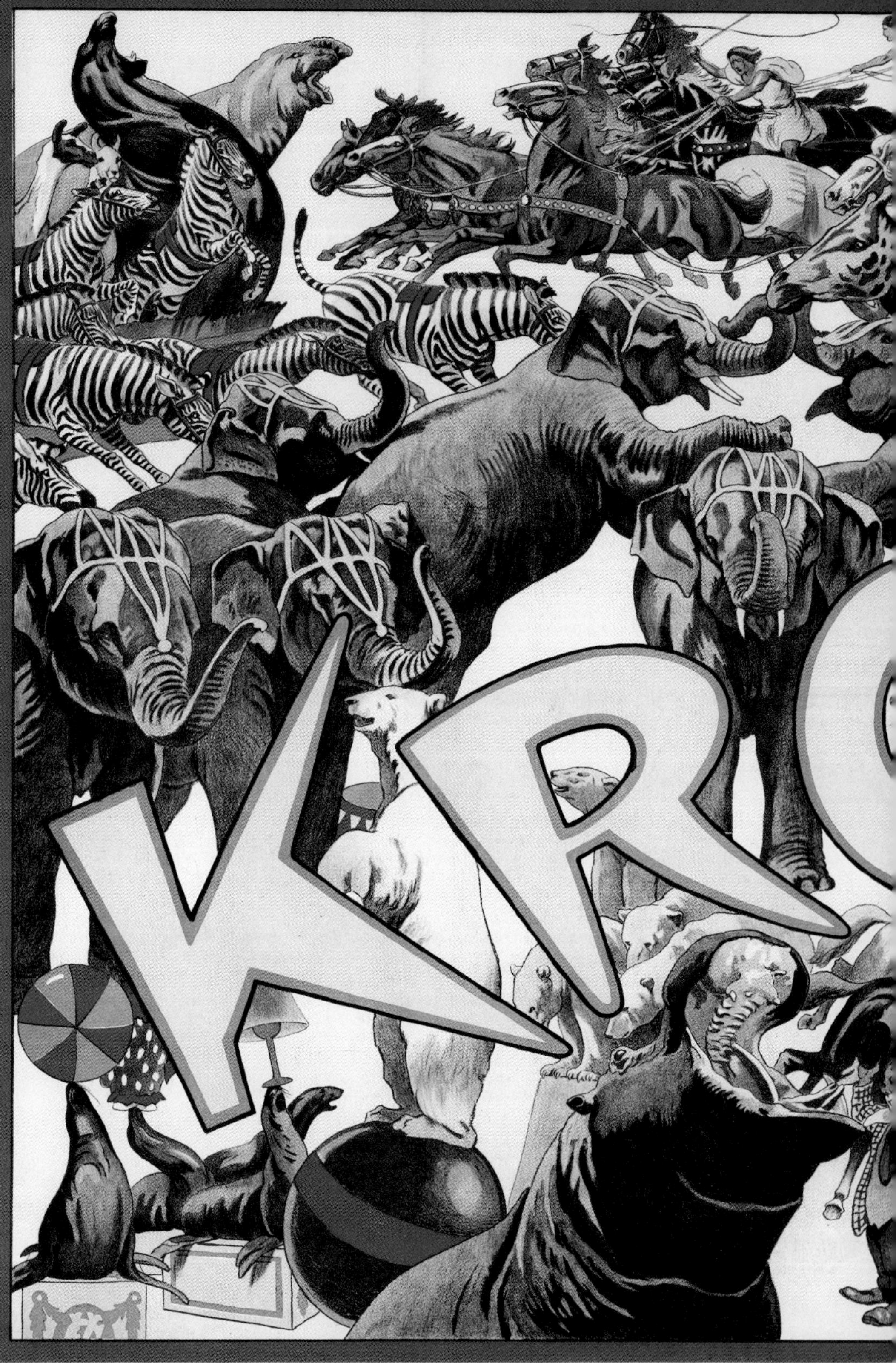
KR

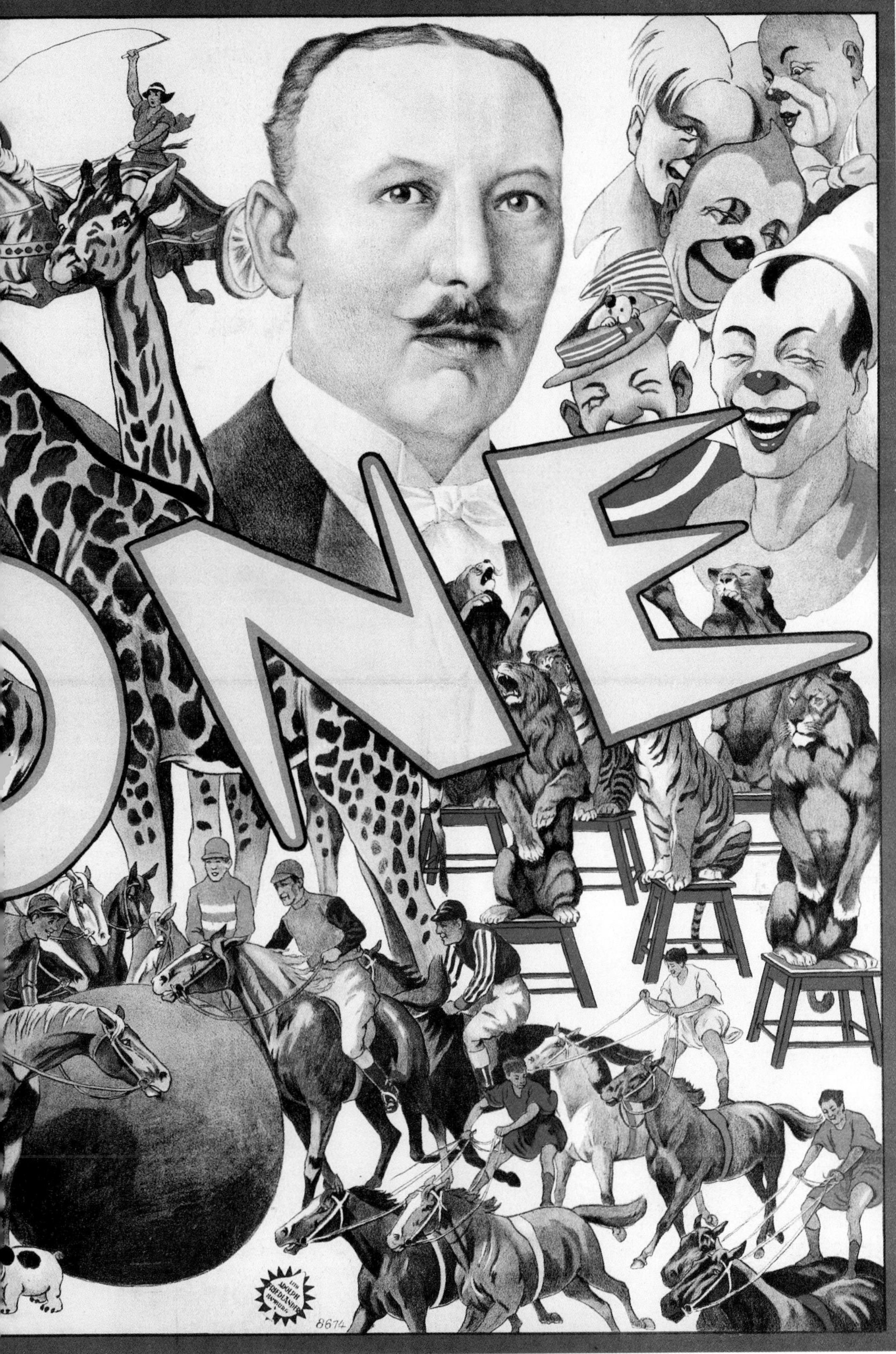
NE
LITH ADOLPH FRIEDLÄNDER HAMBURG
8674

ternehmen, das »Benoit Ahlers« Affen- und Hundetheater und Circus«. Die Tourneen, bei denen auch die Ziege Dinora und Pferde auftreten, führen durch Deutschland und Skandinavien.

VON DER MENAGERIE ZUM CIRCUS CHARLES

Familie Ahlers steigt in die Menagerie Charles ein: Benoit Ahlers überlässt seiner Tochter und seinem Schwiegersohn die Affen, Ponys und Hunde. Ida Krone alias Miss Charles übernimmt 1904 die von Carl Krone dressierten 24 Löwen, Krone kauft 20 Pferde und zwei indische Elefanten.

Als besonders werbewirksam erweist sich der Auftritt von Miss Charles im Zentralkäfig – eine Frau als Dompteurin von so vielen Tieren ist eine Seltenheit, auch wenn im Circus Renz schon 1883 Miß Senide zwei Löwen bändigt. Die Dressur und die Vorführung der Pferde übernimmt Benoit Ahlers. Carl Krone notiert in sein Tagebuch: »Der Schritt zum Circus, den ich mir immer erträumte, ist nun nicht mehr weit.«

Am 28. Mai 1905 ist es soweit: Aus der Menagerie wird in Bremen in einem 36-Meter-Zelt der »Circus Charles« – so feiert sich das Unternehmen selbst. In den Erinnerungen von Frieda Sembach-Krone heißt es: »Der 28. Mai 1905 ist der Gründungstag des heutigen Circus Krone, auch wenn er damals noch Circus Charles hieß.«

Von einem Circus Charles ist dabei auf der großformatigen Anzeige, die am Tag zuvor in den ***Bremer Nachrichten*** erscheint, noch gar nicht die Rede: Da heißt es »Dompteur Charles« weltberühmter zoologischer Zirkus, Riesen-Wander-Menagerie und Affentheater«. Das Zeitungsinserat kündigt täglich zwei Vorstellungen an, außerdem die Möglichkeit zur Besichtigung und die öffentliche Fütterung der Tiere.

Der Tierbestand ist beachtlich – auffallend ist, dass neben Elefanten, Tigern, Eisbären, Panthern, Kamelen oder Zebus auch 24 Löwen genannt werden –, bei dieser Bremer Premiere tritt aber Miss Charles mit ihrer Löwentruppe nicht auf. Dagegen präsentieren Dompteur Mstr. Scheepers und Tierbändigerin Miss Cora ihre Künste. Als besondere Programmpunkte werden noch hervorgehoben: das Debüt von Mr. Benoit Ahlers, der Löwenritt von Othello und »Elefanten als Akrobaten«. Ob Pferde bei der Bremer Premiere antreten, ist aus dem Inserat nicht ersichtlich. Der Zirkushistoriker Klaus-Dieter Kürschner versichert allerdings, dass in Bremen sechs Rappen und sechs Schimmel in die Manege trabten. Außerdem existieren Fotos aus dem Jahr 1905, die vier Rappen in der Manege mit (vermutlich) Benoit Ahlers zeigen.

Carl Krone wirbt mit seiner Lieblingselefantin Assam um Zuschauer (1932). Foto: Krone-Archiv

CIRCUS CARL KRONE

der Circus den die ganze Welt kennt

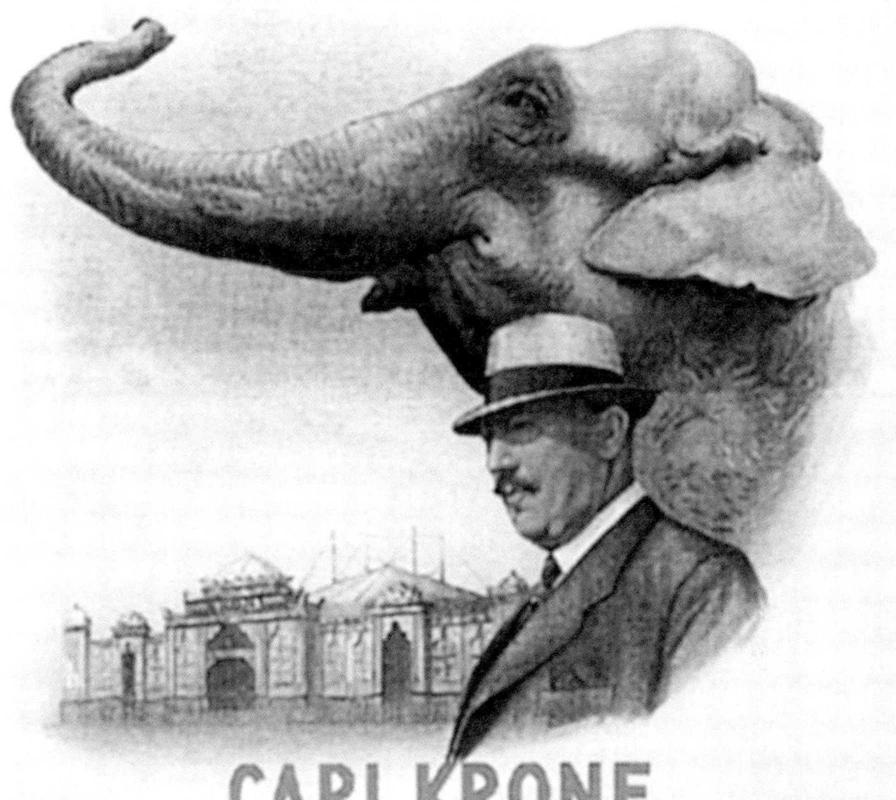

CARL KRONE

der Schöpfer u. alleinige Eigentümer des Unternehmens mit seinem Lieblings-Elefanten **ASSAM**

Die Premiere am 28. Mai ist ein so großer Erfolg, dass alle Vorstellungen der nächsten elf Tage ausverkauft sind. Anschließend geht es zum ersten Auslandsgastspiel nach Dänemark, wo schon Benoit Ahlers mit seinen Tieren aufgetreten ist. In Kopenhagen wird Ida Krone mit ihren Löwen gefeiert. Nach fünf Monaten endet die erfolgreiche Tournee: Laut Frieda Sembach-Krone haben die Gastspiele einen Gewinn von 117.000 Mark eingebracht.

Geld, das sofort wieder ins Unternehmen investiert wird: 1909 hat Krone ein Chapiteau mit 4 000 Plätzen, außerdem sechs Stallzelte sowie je ein Zelt für die Schmiede, Sattlerei, Schreinerei und Schlosserei; ein eigenes Kraftwerk, eine sieben Mann starke Feuerwehr, eine Telefonzentrale und zwei Musikkapellen, die abwechselnd spielen. Hundert Zeltarbeiter sorgen für einen schnellen Auf- und Abbau.

Für das Debüt in Berlin schafft sich Krone ein Zweimastzelt mit einem Durchmesser von 52 Metern an – es fasst 6 000 Personen. Das Zelt wird nochmals größer: 1911 sind es schon 56 Meter für 6 500 Zuschauer.

In Berlin hat Krone gleich zwei Konkurrenten: Circus Busch und Circus Schumann, die beide in Festbauten ihre Programme zeigen. Circus Charles gastiert hier mit einer Sensation, mit Miss Charles, der »kühnsten und mutigsten Löwenbändigerin der Gegenwart« (wie ein Friedländer-Plakat verkündet) und 24 bzw. zwölf Löwen.

»Das wirkte wie eine Bombe«, resümiert Carl Krone später. »Auch von England und Amerika kamen Angebot über Angebot für hochbezahlte Engagements. Dass ich alles rundweg ablehnte, war selbstverständlich. Denn nun strömten die Massen in mein Zelt [...] und die Kassen füllten sich.«

FRÜHSTÜCK MIT LÖWEN

Dass die Löwen auch in kleineren Gruppen extrem gefährlich sind, zeigt sich bei einem sogenannten Löwenfrühstück. Miss Charles sitzt mit den Raubtieren zusammen an einem Tisch und füttert sie. Dabei lässt sie zu, dass Othello ihren Kopf in sein Maul nimmt. Frieda Sembach-Krone schildert diese Szene sehr lebhaft: »Othello will ihren Kopf, der zwischen seinen nagelspitzen Eckzähnen liegt, nicht mehr freigeben.« Das Löwenfrühstück endet noch einmal glimpflich, Othello wird aus der Gruppe der Berberlöwen herausgenommen und aufs Altenteil geschickt. Die Zuschauer können ihn nur noch in der Tierschau bestaunen, nicht mehr in der Manege.

Doch im Jahr 1912 ereignet sich in Trier ein weiterer Zwischenfall: Othello kann sich aus seinem Käfigwagen befreien und stürzt zu den anderen Raubtieren in den

Zentralkäfig. Die Löwen verbeißen sich ineinander, Miss Charles steht mittendrin. Frieda Sembach-Krone schildert das so: »Carl Krone reißt einen Logenstuhl an sich, springt in den Käfig hinein und rettet im letzten Augenblick seine Frau aus dem Durcheinander von 25 wild raufenden Löwen.« Der Zirkus bricht die Nachmittagsvorstellung ab.

Nach 1913 tritt Ida Krone nicht mehr als Löwenbändigerin Miss Charles auf. Neuer Raubtierdompteur wird Carl Lichtenthal, er begleitet Krone noch Jahrzehnte.

Nicht nur die Löwen sorgen in den Jahren vor dem Ersten Weltkrieg für Furore, sondern auch jonglierende Eisbären, vorwärts und rückwärts trabende Pferde, Viktoria, das »in Freiheit dressierte Original-Transvaal-Zebra« oder der radfahrende Elefant Charly. Clowns und Artisten gastieren bei Krone, so etwa 1912 die Raisoli-Arabertruppe oder indische Fakire.

Gastspiele führen unter anderem nach Frankreich, Belgien, Italien, Österreich und Ungarn. Circus Charles wird immer prächtiger: So reisen der Zirkusdirektor und seine Frau nunmehr in zwei neuen luxuriösen Wohnwagen, die ein Speise- und ein Empfangszimmer umfassen, ein Privatkontor und einen Salon – Postkarten zeigen das gediegene Ambiente.

Krone sorgt dafür, dass die Zuschauer die Pracht des Zirkusunternehmens sofort bemerken: 1908 misst die Fassade des Eingangsbereiches in der Breite ca. 15 Meter und verherrlicht auf fünf von sieben großen Tafeln das Zirkuspferd. 1912 hat sie schon eine Breite von ca. 35 Metern und wird geschmückt mit zehn Meter hohen Tableaus, die den antiken Circus Maximus zeigen. Der Name Circus Charles prangt auf Plakaten, Affichen, Handzetteln, betriebseigenen Broschüren, Fotografien und Fassaden. Carl Krone jun. hat es geschafft.

ZIRKUS FÜR ALLE, VOM FABRIKARBEITER BIS ZUM FÜRSTEN

Krone hat sich ein neues Publikum erobert. Als Beispiel dafür mag ein Brief vom Januar 1908 dienen, in dem sich Carl Krone jun. an den Rat der Stadt Bremerhaven wendet. Er bewirbt sich u. a. mit folgenden Worten um einen Stellplatz: »Die Vorstellungen im Circus Charles sind von den allerhöchsten Herrschaften und dem Hohen Adel des Continents durch Anwesenheit beehrt worden.«

Das Publikum wandelt sich: Besteht es bei fürstlichen Menagerien mit ihren gehobenen Eintrittspreisen noch aus Adeligen oder Angehörigen des Militärs, so strömt in die Wandermenagerien bei niedrigem Eintritt ein bunt gemischtes Volk.

Noch bunter wird es bei den Zirkusunternehmen, wie Sylke Kirschnick in ***Manege frei, die Kulturgeschichte des Zirkus*** schildert: »Königinnen und Laufburschen, Dienstmädchen und Kaiser, Kommerzienratsgattinnen und Postbeamte, Kavalleristen und Professoren, Gymnasiasten und Wollspinnerinnen, Gassenjungen und Fabrikantentöchter« – sie alle strömen in den Zirkus.

Was das Publikum um 1900 am Zirkus u. a. fasziniert, umschreibt der ***SPIEGEL*** 50 Jahre später so: »Damals ist das Chapiteau der einzige Ort, an dem ein sittsamer Untertan einen schmachtenden Blick auf fremde Frauenbeine in seine erotisch unterbelichteten Seelenfalten bringen kann.« Kleinbürger auf den hinteren Holzbänken und die Aristokratie in den rotsamtenen Logen laben sich in einem »Reservat für Romantik und Sinnensaft«, das zugleich eine respektable kulturelle Einrichtung ist.

Ein prominenter Zirkusbesucher war der Philosoph Walter Benjamin. In einer Rezension des Jahres 1927 betont er den Respekt des Zirkuspublikums, gerade im Vergleich mit den Theaterbesuchern: »Es ist immer noch eher denkbar, dass während Hamlet den Polonius totsticht, ein Herr im Publikum den Nachbarn um das Programm bittet als während der Akrobat von der Kuppel den doppelten Salto mortale macht.« Allerdings sieht er diesen Respekt nicht nur positiv. »Eben deshalb ist das Zirkuspublikum im Ganzen auch das unselbständigste: in alle Schranken gepferchtes Kleinbürgertum, das selbst als Artist, als Clown oder Kunstreiterin diese Schranken nur jeweils auf Stunden, um sie mit denen der Manege zu vertauschen, verläßt.« Das Publikum erlebe im Zirkus »einen soziologischen Naturschutzpark« von Herrenmenschen wie den Kunstreitern auf der einen Seite und der Plebs der Clowns auf der anderen Seite. Zirkus – so Benjamin – sei ein »etwas unheimlicher Ort des Klassenfriedens«.

Das große Renommee, das der Zirkus in allen Schichten der Gesellschaft genießt, zeigt sich auch an Meldungen wie dieser: Als der amerikanische Zirkus Barnum & Bailey im Jahr 1900 in Berlin Station macht, haben die Kinder schulfrei.

STICHWORT 4
CIRCUS SARRASANI

Den Namen Sarrasani gibt er sich im Jahr 1892 – eigentlich heißt er Hans Stosch. Er kommt 1873 im preußischen Lomnitz bei Posen auf die Welt. Mit 15 Jahren kehrt er seiner vornehmen Familie (der Vater ist Ökonom und Weinbergbesitzer) den Rücken und schließt sich einem bayerischen Wanderzirkus an. Dort dient er sich vom unbezahlten Stallburschen mit großer Energie zum Clown hoch. Zu dem Künstlernamen Sarrasani hat er sich durch Honoré de Balzac und dessen Erzählung ***Sarrasine*** inspirieren lassen.

Als »Clown Sarrasani with his Funny Family« tritt er zunächst mit einem Affen, einem Hund und einem Schwein auf und gastiert in ganz Europa, u. a. in Petersburg, Amsterdam und Lissabon.

1901 gelingt es Stosch, die Konkursmasse eines bankrotten Zirkus zu ersteigern. Nur ein Jahr braucht er, um alles genau nach seinen Vorstellungen einzurichten. Im Jahr 1902 feiert Circus Sarrasani in Meißen seine Premiere in einem Chapiteau mit 3 600 Plätzen. Als erstes deutsches Zirkuszelt verfügt es nicht nur über elektrische Beleuchtung, sondern auch über ein Büfett. 1904 hat Sarrasani 250 Tiere in seiner Tierschau und in der Manege, darunter Elefanten (einer von ihnen ist Boy, der Fahrrad fahren kann) und Löwen. Der Zirkus ist in erster Linie für seine technische Perfektion berühmt. Viele halten sie für einmalig in Europa. 1912 beginnt Sarrasani eine Reihe von Hallengastspielen mit bis zu 15000 Zuschauern pro Vorstellung. Hans Stosch verdient Millionen und – so sein Biograf Ernst Günther – »gönnt sich nichts«. Stosch ist laut Günther die Inkarnation eines nach Perfektion strebenden Künstlers, eines ständigen Modernisierers und eines perfekten Werbepsychologen.

1912 wird in Dresden der stationäre Circus Sarrasani eingeweiht. Die Bühne ist 17 Meter hoch und verfügt über einen Orchestergraben. Das Gebäude hat neben Garderoben, Ställen, Dienst- und Wohnräumen mehrere Restaurants. Die letzte Tournee führt 1915 noch nach Dänemark, dann muss sich Sarrasani auf seinen Festbau in Dresden beschränken. In den 1920er-Jahren saniert Hans Stosch seinen Zirkus durch eine Südamerika-Tournee. Sie erlaubt ihm, später in Deutschland weiter zu expandieren. 1934 stirbt er in Brasilien.

Der Sarrasani-Palast ist bis zum 23. Februar 1945 in Betrieb, dann wird er bei einem Bombenangriff zerstört.

STICHWORT 5
CIRCUS BUSCH

Der 1884 im dänischen Svendborg von Paul Busch gegründete Circus Busch bezieht 1891 in Hamburg einen festen Bau. Weitere gemauerte Steinbauten in Wien, Berlin und Breslau folgen.
Im Jahr 1904 hat Busch bereits 120 Pferde, acht Elefanten, eine Kapelle mit 36 Musikern und 50 Männer Stallpersonal. Das Zirkus-Publikum kommt aus allen Schichten. Es ist üblich, dass jeder erwachsene Besucher ein Kind kostenlos mitnehmen kann. Das führt dazu, dass sogar bettelarme Jungen und Mädchen die Sensationen in der Manege sehen.
Der Hochadel schätzt den Zirkus genauso: Kaiserin Auguste Viktoria samt Kindern und Hofstaat ist des Öfteren zu Gast bei Busch. Für jede Benutzung der Hofloge im Circus Busch zahlt das Hofmarschallamt 100 Mark.
Paula Busch, die Tochter des Direktors Paul Busch (sie übernimmt in den 1920er-Jahren die Leitung des Zirkus), schildert einen solchen Besuch der Kaiserin in ihren Memoiren ***Das Spiel meines Lebens***: »In der blumengeschmückten Kaiserloge nehmen die Hofdamen auf den Hintersitzen Platz, Auguste Viktoria vorn, die Kaiserin nickt dem Kapellmeister zu – und die Vorstellung kann beginnen.«
Zum Auftakt gibt es eine Parade mit Bildern stadtbekannter Persönlichkeiten. Zu ihnen zählt auch der Maler Adolph von Menzel, der im Circus Busch Pferde skizziert. Weiter heißt es bei Paula Busch: »In der Pause erschien die Kaiserin mit ihrem Kinder-Kometen-Schwarm im Stall. Natürlich war für strenge Absperrung Sorge getragen. Hochbefriedigt sind an jenem Nachmittag unsere Gäste nach Hause gefahren. Der Kaiser bedankte sich am nächsten Morgen telefonisch beim Vater: ›Lieber Busch – Sie haben meiner Frau und meinen Kindern einen wirklich schönen Nachmittag bereitet.‹«

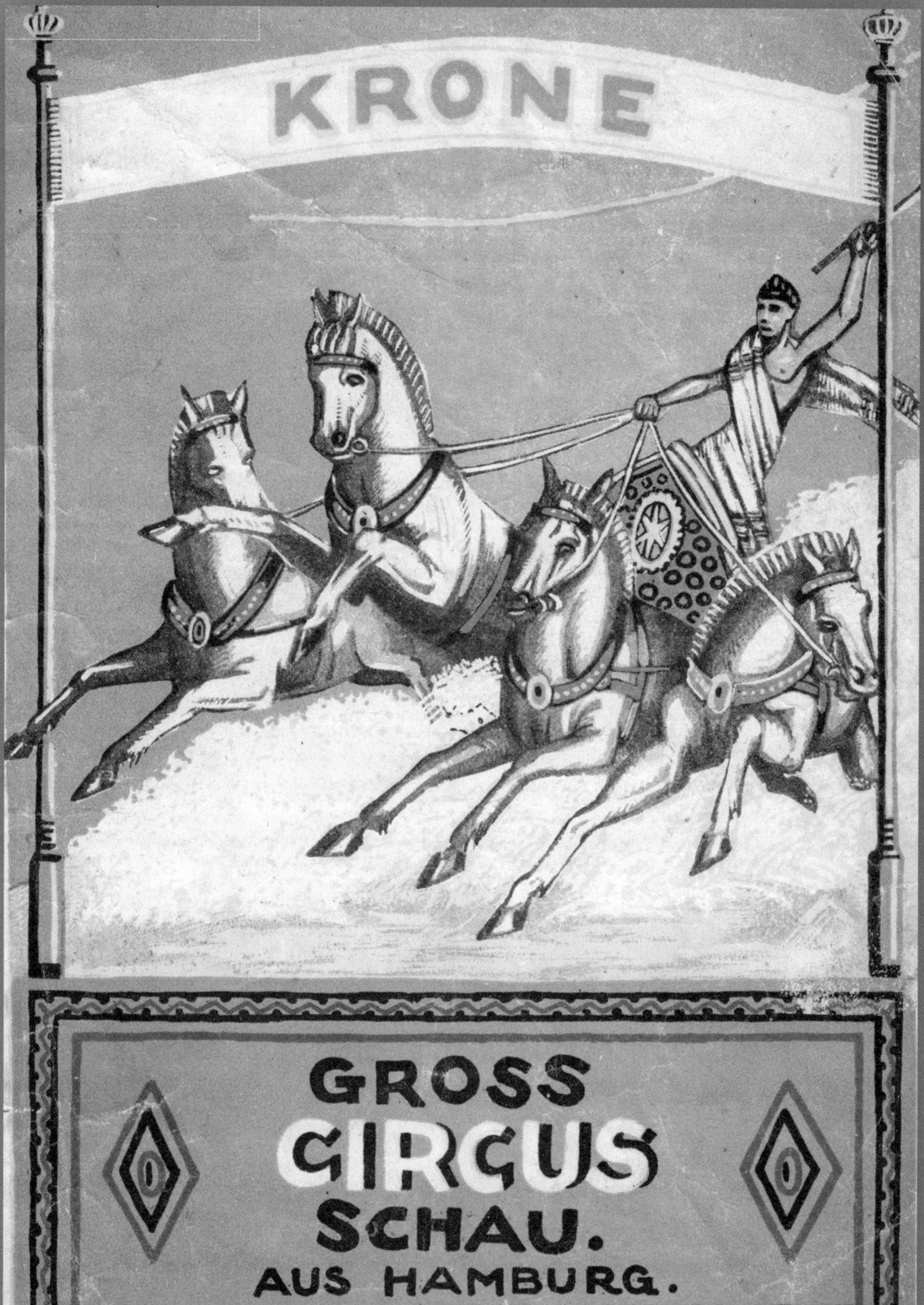

KRONE

GROSS
CIRCUS
SCHAU.
AUS HAMBURG.

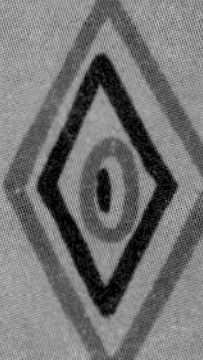

Kunst im Druck G.m.b.H., München

KAPITEL 3

DER ELEFANT IM SCHNEE (ERSTER WELTKRIEG)

Winter, eine verschneite Straße vor einem Stadtpalais, Schneehaufen türmen sich auf dem Bürgersteig, zwei Männer in dicken Mänteln stapfen durch den Matsch – hinter ihnen ein Elefant. Er zieht einen schweren Wagen. Über dem Rücken des Tiers hängt eine Decke mit der Aufschrift »Circus Krone«. Ein Elefant im Kriegshilfsdienst. Ein Foto aus dem Jahr 1918. Die Zivilbevölkerung leidet im Ersten Weltkrieg Mangel: Das Brot wird gestreckt, die Milch verdünnt, Steckrüben ersetzen Kartoffeln. 200 Tiere des Zirkus Krone überleben – auch dank des Kriegshilfsdienstes.

Elefanten vom Circus Krone oder vom Hamburger Circus Hagenbeck arbeiten für das Militär oder für Wirtschaftsbetriebe – und erhalten dafür von den Reichsbehörden eine Grundverpflegung. Noch im dritten und vierten Kriegsjahr gastiert der Direktor mit seinem rollenden Tierpark in ganz Deutschland. Mit dabei sind neun Elefanten (zu Kriegsbeginn waren es noch zwölf), Antilopen, Büffel und Bisons, das Rhinozeros Lissi, das Nilpferd Nora im Wasserbassin, Eisbären, Bergzebras, 20 Berberlöwen und Marguerite, die (so die Krone-Werbung) »erste und einzige Giraffe auf Reisen«. Zirkusdirektor Carl Krone schafft es, einen Großteil seiner Tiere zu retten. Zehn Millionen Menschen in Europa sterben zwischen 1914 und 1918.

Einen ersten Vorgeschmack auf das, was ihn in den nächsten Jahren erwartet, bekommt Carl Krone 1913/1914 zu Beginn seiner Frankreich-Tournee. Zur Premiere in Lille werden eigentlich 3 000 Zuschauer erwartet. Es kommen 300. Dabei hat der Zirkusdirektor 230 000 Mark in die Vorbereitung seiner Tournee gesteckt.

Lille wirkt allerdings nicht nur ernüchternd, sondern auch wegweisend. Laut Hermann Dembeck, der mit Krone etliche Gespräche geführt hat, liegt in Lille im Hotel eine Zeitschrift

Circus Krone – zu Gast in Hamburg (1919). Foto: Archiv Enzinger

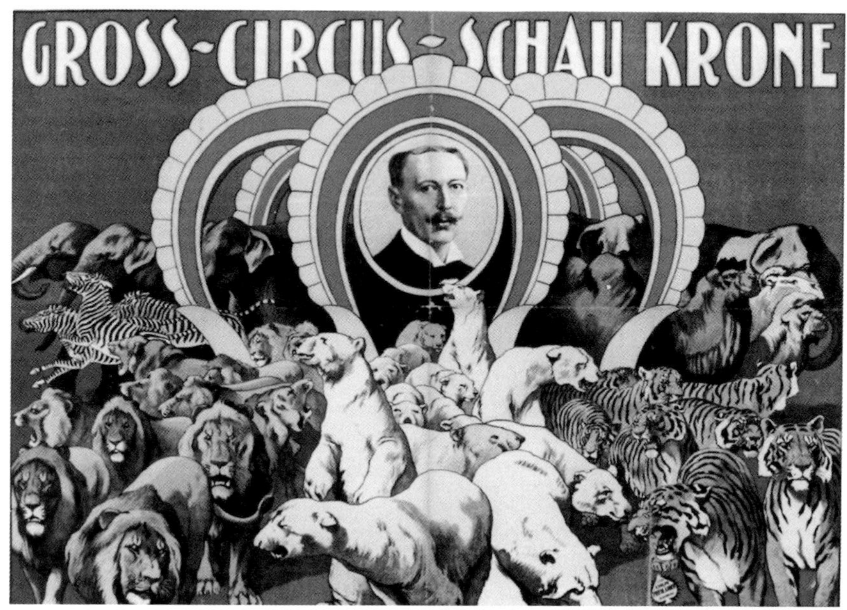

auf dem Tisch, die auf acht bebilderten Seiten dem amerikanischen Zirkcus Barnum & Bailey eine hymnische Reportage widmet. Krone kann in diesem Bericht lesen: »Nichts haben die europäischen Länder dem amerikanischen Zirkusunternehmen an die Seite zu stellen.« Was den europäischen Zirkussen abgehe, seien das amerikanische Tempo, der sich überstürzende Wirbel der Darbietungen, das Imposante der Ausmaße. »Niemals werden die deutschen Zirkusse mit dem amerikanischen Riesenzirkus konkurrieren können.« Solche Zeilen gerade in dieser Lage zu lesen, ist für Krone wohl ein schwerer Schlag. Andererseits neigt er aber dazu, selbst die größten Hürden in erster Linie als Ansporn für noch mehr Engagement zu sehen. Zwölf Jahre später wird er die amerikanische Herausforderung annehmen …

ZUM MILITÄR EINGEZOGEN

Lille zwingt Carl Krone zu einer Entscheidung: Er will Frankreich so schnell wie möglich verlassen. Er malt sich die nahe Zukunft laut Dembeck so aus: »Internierung und Beschlagnahme durch die französischen Militärbehörden wären das mindeste gewesen, die Schulpferde hätten voraussichtlich französische Artillerie gegen die Heimat führen müssen, und die Zirkuswagen wären dem französischen Train zugeteilt worden.« Hellsichtig warnt der Zirkusdirektor zu Beginn des Ersten Welt-

Von Eisbären bis Zebras – die große Circus-Schau aus den frühen 1920er-Jahren. Foto: Krone-Archiv

krieges vor einem Inferno: Zirkusmitarbeiter würden zum Militär eingezogen, kämen in Internierungslager. »Meine Artisten stoben auseinander wie Spreu im Wind. Die heute noch brüderlich im Wagen zusammengehaust hatten, liegen sich nun als Feinde gegenüber, irgendwo in den Wäldern Galiziens oder in den Wasserlöchern der blutgetränkten flandrischen Erde.« Und weiter: »Der russische ›Fänger‹ von der Luftnummer, der seinen jungen Kollegen vor dem Salto aus der Zirkuskuppel immer so väterlich zur Vorsicht gemahnt hatte, er jagt vielleicht in diesem Moment dem Ärmsten das tödliche Blei ins Herz. Und der immer fröhliche Clown aus Marseille lässt eben vielleicht gellend den letzten Schrei zum Himmel erschallen.«

Bei Kriegsbeginn gastiert Carl Krone mit seinem Circus Charles in Ljubljana (Laibach) in Slowenien. Schon im Sommer 1914 entlässt Krone eine 25-köpfige Indianertruppe, die aus den Reservationen im US-Staat Oklahoma stammt. »Rothäute« sind seit Jahren beliebt beim Zirkuspublikum. Zwischen 1870 und 1940 treten in deutschen Schießbuden, Varietés, Jahrmärkten und Zirkussen Dutzende von »Negertruppen« oder andere für deutsche Augen exotische Menschengruppen auf (siehe auch Stichwort 6: Völkerschau). Krones Indianertruppe aus dem »Wilden Westen« schifft sich 1914 ein und verlässt das noch wildere Europa. »Unser Häuflein schrumpfte mehr und mehr zusammen«, erinnert sich Krone in ***Mein Leben***. »Fast täglich zog einer den feldgrauen Rock an, und Ersatz kam nur spärlich. Mal half uns Militär aus den Rekrutendepots, mal waren es russische Gefangene. Das was uns am meisten bewegte, war die Futterbeschaffung für die Tiere.«

Monatelang steht der Zirkus in Slowenien still. Krone lebt von Ersparnissen. Die Behörden reduzieren die Zuteilungen für Heu, sie ordnen an, dass Pferde für das Militär eingezogen werden. Krones Bedrängnis wächst mit jedem Tag. Schließlich kommt sogar ein amtlicher Bescheid, er solle 50 seiner 80 Pferde schlachten lassen. Erst nach vier Monaten kann Krone Slowenien endlich verlassen und nach Wien aufbrechen.

AUS CHARLES WIRD KRONE

Orange, Gelb und Schwarz – das sind die vorherrschenden Farben des Programmheftes. Eine heroisch anmutende, blondgelockte Frau mit energischem Kinn wird umrahmt von einem Pferde- und einem Löwenkopf. So martialisch wirbt das Programmheft für ein neues Krone-Gastspiel in Wien. Die Broschüre schmückt ein Spruchband mit der Aufschrift »Circus Charles«. Seit Mai 1905 trägt der Zirkus

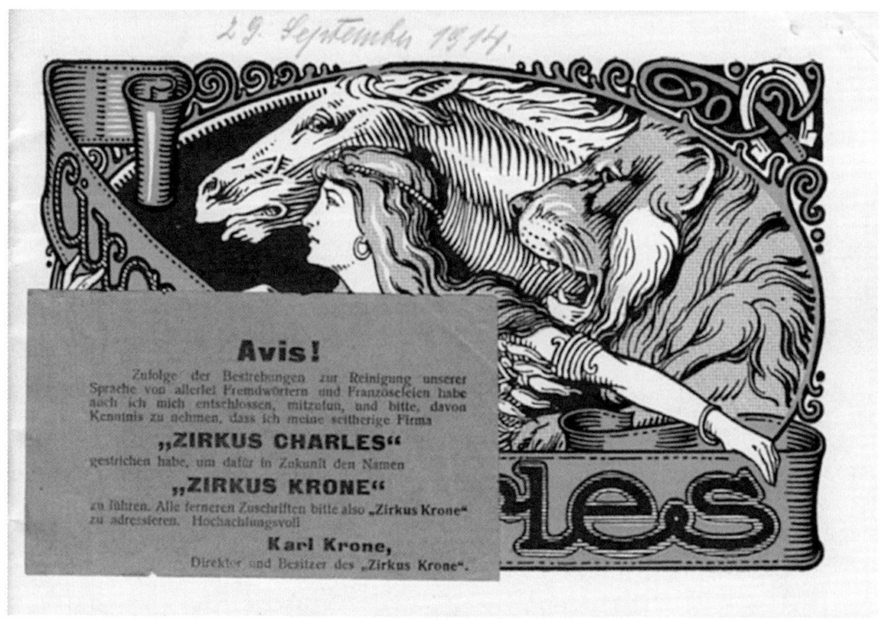

diesen Namen. »Circus Charles« – das klingt in den aufgewühlten Tagen des Sommers 1914 nach Feind, Erzfeind, es passt nicht zur Kriegshysterie und patriotischen Stimmung in Österreich und im Deutschen Reich. Carl Krone benennt seinen Zirkus kurzerhand um: Am 12. Juli 1914 wird in den Zeitungen noch der Name Charles verwendet, im Blatt ***Arbeitswille*** heißt es am 1. September dann Circus Krone. Aufkleber mit dem neuen Namen zieren Plakate und Programmhefte. Darauf verkündet Direktor Krone: »Zufolge der Bestrebungen zur Reinigung unserer Sprache von allen Fremdwörtern und Französeleien habe auch ich mich entschlossen, dass ich meine seitherige Firma ›Circus Charles‹ gestrichen habe, um dafür in Zukunft den Namen ›Circus Krone‹ zu führen.«

Patriotismus zieht auch in die Manege ein. Im Dezember 1914 zeigt Krone eine Pantomime, die er »Weltbrand« nennt (siehe auch Stichwort 7: Pantomime). Die Nummer 11 bringt im ersten Bild eine »Einberufung«. Bild 2 zeigt »Unsere tapferen Soldaten«, bis es in Bild 7 heißt: »Unser großer Sieg«.

Auch Circus Sarrasani gibt sich patriotisch: Das dort präsentierte Kriegsstück trägt den Titel »Europa in Flammen«. In einer Rezension schreibt die ***Deutsche Volkszeitung*** am

Krone gibt sich patriotisch: Aus Circus Charles wird Circus Krone (September 1914). Foto: Archiv Enzinger

27. Februar 1915 über das Schaustück: »Trotz mannigfacher Abstriche der Aufsichtsbehörde blieb noch eine sehr sehenswerte Darstellung übrig. Sie zeigt uns in sieben Bildern voll Lebhaftigkeit und Aufregung den Weltkrieg von seiner Entstehung an bis zu einem großen Siege der verbündeten Heere von Österreich, Deutschland und der Türkei.«

Nach acht Monaten verlässt Krone Wien und zieht mit einem Sonderzug weiter nach Prag, Chemnitz, Zwickau, Görlitz und Berlin. Im zweiten Kriegsjahr zeigt Krone noch immer ein Nashorn, Giraffe Marguerite und Kängurus. 1916 folgen Gastspiele in Breslau, Berlin, Magdeburg, Hannover; der Tross mit 200 Menschen und 300 Tieren zieht 1917 u. a. nach Hamburg, Frankfurt und Nürnberg. Futter gibt es nur noch für die Tierhalter, die mit dem Kriegshilfsdienst zusammenarbeiten.

REVOLUTION UND SOLDATENRAT

November 1918 – Circus Krone gastiert in Magdeburg. Die Revolution erfasst auch diese Stadt. Am 3. November versammeln sich rund 30000 Menschen zu einer Kundgebung. Nach dem gewaltsamen Tod eines durchreisenden Matrosen auf dem Hauptbahnhof rufen die Gewerkschaften zum Generalstreik auf. Am 8. November kommen Tausende auf dem Domplatz zusammen. In der Folge wird ein Arbeiter- und Soldatenrat gewählt – und mitten in dieser aufgeheizten Situation ist Circus Krone.

Beim langjährigen Krone-Pressechef August Heinrich Kober liest sich das so: »Wilde Scharen Aufständischer, geführt von Matrosen und Rotgardisten, marschieren auf die Zeltstadt zu. ›Beschlagnahmt im Namen des Volkes‹ – ›Enteignung der Kapitalisten‹. Da weiß der Direktor Carl Krone nicht, was er tun soll. Aber die Rettung kommt von einer Seite, von der keiner sie erwarten konnte. Arbeiter und Kutscher des Zirkus, viele Kriegsgefangene darunter, stellen sich den Demonstranten entgegen. ›Nix schießen! Guter Mann! Genossen, Krone ist immer ein Volks-Freund gewesen! Circus Krone spielt für das ganze Volk.« Und weiter heißt es in dem abenteuerlich anmutenden Bericht von Kober, der in dem Nachdruck ***Carl Krone*** (Gerolzhofen 2004) nachzulesen ist: »Am Nachmittag wird Krone sogar ein vom Arbeiter- und Soldatenrat ausgestellter Schein überbracht, dass er weiterspielen darf.«

Insgesamt vier Wochen gastiert Circus Krone in Magdeburg. »In der ganzen Zeit meines Gastspiels zeigten sich die Magdeburger täglich als rege Zirkusbesucher«, schreibt Direktor Krone in einem Inserat, das er unter dem Titel »Zum Dank!« am 29. November in verschiedenen Magdeburger Zeitungen drucken lässt. Selbst »eine

Verlängerung meines Gastspiels auf ein oder selbst auf zwei Monate« sei durchaus möglich gewesen. Doch leider werde das Gebäude nun für andere Veranstaltungen gebraucht. Damit meint Krone das feste Zirkusgebäude in der Königstraße. Eigentümer ist die jüdische Zirkusfamilie Blumenfeld (siehe auch Stichwort 8: Alex Blumenfeld). Dieses wird zu einem Glücksfall für die Stadt. Der neue Musentempel lockt zahlreiche Zirkusleute nach Magdeburg und schafft Arbeitsplätze. Außer Zirkus gibt es Theatervorstellungen, Revuen und später Filme im Circus Blumenfeld.

Krone spielt nicht länger in Magdeburg – es zieht ihn nach München, in eine Stadt, in der während des Krieges kein Zirkus gastierte – in der das Publikum seit Jahren keinen Zirkus mehr erlebt hat. Der Krone-Sonderzug kommt nur stockend voran, in Frankfurt am Main bleibt der Tross auf Nebengleisen tagelang liegen, bis er endlich nach München weiterfahren kann. Krone liebäugelt in dieser Zeit damit, sein Domizil eventuell in Frankfurt aufzuschlagen – entscheidet sich aber dann doch für München.

DER BRETTERZIRKUS

Inmitten der Münchner Revolution und der Räterepublik 1918/19 gelingt es Krone, eine Dauerkonzession für den Zirkusbetrieb zu bekommen. Auf dem Marsfeld will er ein ständiges Domizil errichten.

»Brettercircus« nennt er diesen hölzernen Festbau ein wenig despektierlich in seinen Aufzeichnungen ***Mein Leben.*** Dessen Eröffnung sieht Carl Krone eigentlich für den 19. April 1919 vor, doch die Münchner Räterepublik bringt seine Pläne durcheinander.

Am 7. April 1919 wird vom Zentralrat der bayerischen Republik und vom Revolutionären Arbeiterrat in München die bayerische Räterepublik ausgerufen. Am 16. April beschließt fernab in Berlin Minister Gustav Noske den Einsatz von Reichswehrverbänden gegen die bayrische Landeshauptstadt. Rund um den Münchner Hauptbahnhof und damit auch in der Nähe des Krone-Areals kommt es zu Schießereien zwischen Militär und Rotgardisten.

Am 2./3. Mai beenden Reichswehr und Freicorps die Münchner Räterepublik. Am 8. Mai schreiben die ***Münchner Neuesten Nachrichten*** (*MNN*): »Der Zirkus hat durch die Ereignisse in München bedeutenden Schaden erlitten. Die Leitung rechnet ihn auf 300 000 Mark.« Weiter heißt es: »Vor dem Krieg besaß der Zirkus 146 Pferde, von denen 120 zum Kriegsdienst eingezogen wurden. Bei den Kämpfen in München waren die Tiere, besonders die Pferde, sehr unruhig und aufgeregt.

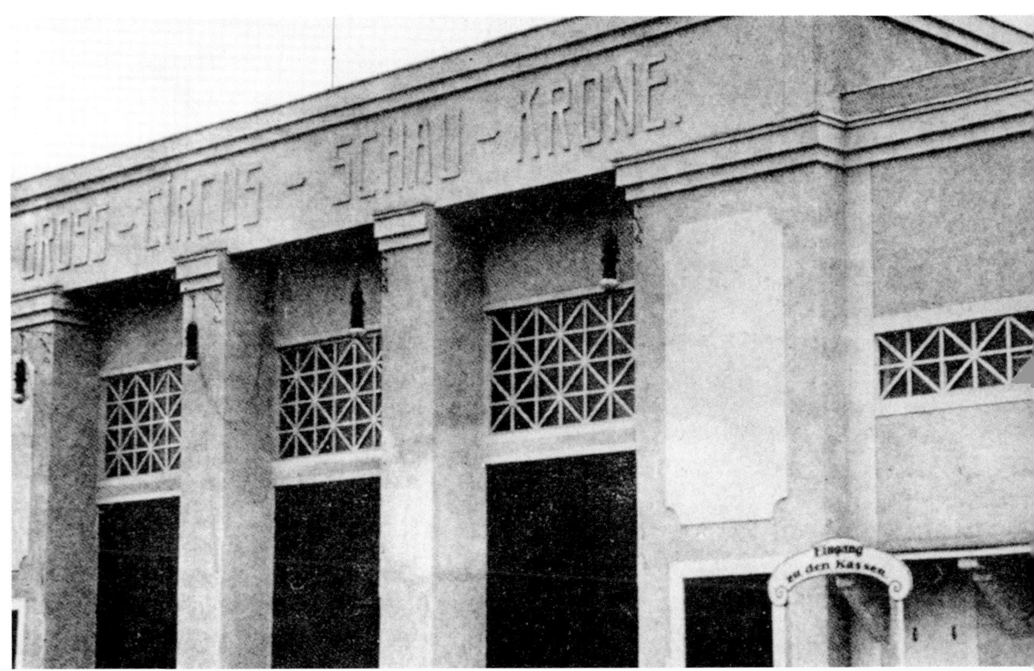

Während eines Feuergefechts durchschlug eine Kugel das Stallzelt und trat durch das Dach wieder aus, ohne einem Tier Schaden zuzufügen.«

Politische Auseinandersetzungen sind das eine, das andere ist die Bürokratie, mit der Direktor Carl Krone ebenfalls zu kämpfen hat. Bevor er seinen festen Zirkusbau eröffnen kann, muss er sich durch Papierberge wühlen und immer wieder bei den Ämtern nachhaken. Am 21. November 1918 etwa schreibt Carl Krone an die »hohe Polizeidirektion«: »Höflichst bezugnehmend auf meine wiederholten Ansuchen bitte ich ergebenst um Genehmigung zur Absolvierung eines Gastspiels im festen Gebäude, beginnend Erstes Quartal 1919.« Fünf Wochen später, so geht es aus den Akten im Münchner Stadtarchiv hervor, kommt die Antwort: »Das Stadtrentamt I verpachtet an Herrn Carl Krone die Teilfläche des […] Marsfeldes in München auf die Dauer von sechs Wochen während der Monate April, Mai und Juni 1919.« Wenig später hat Carl Krone das 31 700 Quadratmeter große Grundstück auf dem Marsfeld wohl erworben– in Frieda Sembach-Krones Erinnerungen geht dieser Kauf in bar schon ein paar Monate früher über die Bühne.

Der neue Münchner Festbau wird am 10. Mai 1919 mit einer Gala-Vorstellung eingeweiht. Foto: Krone-Archiv

Die Bauarbeiten für den Festbau (er soll auch weiter so genannt werden, selbst wenn er nur aus Holz bestand) beginnen im Frühjahr 1919. Ein Foto zeigt 40 Männer, die sich in drei Reihen hintereinander aufgestellt haben: Zimmerer und Achterbahnbauer posieren für den Fotografen. Hinter ihnen ragt ein Holzgerüst in die Höhe – es sind nur ein paar Balken, durch Bretter verbunden. Am 27. Februar 1919 wendet sich die mit der Errichtung des »Brettercircus« beauftragte Münchner Holzbau GmbH an den Staatskommissär Demobilmachung, den Bau zu genehmigen. Sollte dies nicht geschehen, würden eine Münchner Firma geschädigt und 80 bis 100 Arbeiter (Schreiner, Zimmerleute, Glaser) arbeitslos. Der Staatskommissär und die Feuerpolizei geben grünes Licht.

Am 26. März 1919 melden die ***Münchner Neuesten Nachrichten***: »Der große Holzbau für den Zirkus Krone zwischen dem Spatenbräu und dem Wittelsbacher-Gymnasium ist bereits in der Ausführung begriffen. Die Manege hat den Normaldurchmesser von 13 Meter. Das mit 30 Grad ansteigende Amphitheater für 4 000 Besucher ist in acht keilförmige Gruppen zerlegt [...] zu beiden Seiten des Mittelbaus werden Musiktribünen für 60 Musiker eingebaut. Der Eingang [...] vereinigt in seinem 30 Meter breiten Vorbau eine Vorhalle mit Kasse.«

Ein Bau für die Ewigkeit? – Für den umtriebigen Carl Krone wohl kaum. Aber einstweilen darf er sich über ein Schreiben der Polizeidirektion freuen. Die versichert nämlich am 6. Mai 1919, dass ihm die »ortspolizeiliche Erlaubnis erteilt« werde, zwischen 10. Mai und 15. Juli im eigenen Gebäude auf dem Marsfeld Zirkusvorstellungen zu veranstalten und dressierte Raubtiere vorzuführen. Sie macht Auflagen, die allerdings aus heutiger Sicht etwas vage klingen: »Während der Vorführung der Raubtiere muß die Manege vom Zuschauerraum durch fest geschlossene, starke Gitter abgesperrt sein. Auch sonst ist für Verwahrung der Raubtiere in genügend gesicherten Käfigen Sorge zu tragen.«

ERÖFFNUNG MIT PUPPCHEN UND SIEGFRIED

Das Operettenpferd Puppchen und der Löwenbändiger Siegfried (siehe auch Stichwort 15), die »Riesen-Elefantengruppe« und die »Todesschaukel« – sie alle sind Attraktionen am 10. Mai 1919 im Circus Krone. Es ist die Eröffnungsvorstellung im ersten festen Münchner Zirkusbau. Trotz politisch unruhiger Zeiten ist Direktor Krone dieses Kunststück gelungen. Der 10. Mai 1919 ist ein Meilenstein in der Geschichte seines Zirkus – seitdem ist er mit München fest verbunden, gehört zu München, ist Münchner Historie. »Die Eröffnungsvorstellung des Circus Krone brachte dem Unternehmen einen vollen Erfolg und den 4000 Besuchern genußreiche Stunden«, heißt es am 12. Mai 1919 in den ***Münchner Neuesten Nachrichten.*** Die Gala ist ausverkauft, die Zuschauer erwarten 26 Nummern, die 42 Musiker des Zirkusorchesters spielen Tusch um Tusch. Auf die »Riesen-Berber-Löwen« folgen Freiheitsdressuren (die Pferde bewegen sich – ohne Longe – frei in der Manege). Mit großer Spannung erwartet das Publikum die Hegelmann-Truppe mit ihren Luft-Turnkünsten und die Elefantenkuh Assam. Laut Programm ist sie der einzige Elefant, der auf den Hinterbeinen durch die Manege geht. Die Araberstute Puppchen zeigt hohe Schule nach dem Rhythmus des Schlagers »Puppchen, du bist mein Augenstern«. Die ***MNN*** schwärmen: »Die Gruppe Elefanten, darunter wahre Kolosse, zählt zu den besten. Die schwerfälligen Indier, vorgeführt von Direktor Krone, folgten der Hand des Meisters im bisher kaum erreichten Grade.« Die Eröffnungsvorstellung vom 10. Mai 1919 ist der Auftakt zu einer äußerst erfolgreichen Saison. So heißt es in ***Mein Leben*** von Carl Krone: »Fast ein ganzes Jahr habe ich mit kurzen Unterbrechungen tagtäglich dort gespielt und einen Besuchererfolg erzielt, der wohl der größte meiner ganzen Laufbahn ist.« Seine Tochter Frieda Sembach-Krone erzählt über die Gala vom 10. Mai 1919 in ihren Aufzeichnungen: »Eine Freundschaft zwischen einem Circusunternehmen und den Bewohnern einer Großstadt war geboren. Sie hat bis auf den heutigen Tag gehalten.«

DER BAYERISCHE HERKULES

Für den Besucherrekord, den Carl Krone für das Jahr 1919 so begeistert feiert, dürfte es mehrere Gründe geben: Zum einen haben die Münchner seit Jahren keinen Zirkus mehr erlebt, zum anderen bietet das Programm etliche Sensationen. In Zeitungsanzeigen werden sie mit markigen Worten angekündigt. Zunächst sind die Inserate nur einspaltig, sie enthalten gerade mal die Wörter »Krone« und »Riesentierschau«. Im Laufe des Jahres 1919 werden die Anzeigen dann immer größer.

In übergroßen Lettern wird z. B. für Marino geworben, den »bayerischen Herkules«, den »Mann mit den eisernen Rippen«. Die dazugehörige Grafik zeigt ein Auto, voll besetzt mit vier Männern. Es fährt über Marino hinweg, er bleibt natürlich unverletzt – eine der 24 Attraktionen von Krone im Jahr 1919.

Andere Anzeigen werben für den Zirkustiergarten. Er bietet den Münchnern 1919 die einzige Gelegenheit, so viele exotische Tiere auf einmal zu sehen, denn der Tierpark Hellabrunn ist in dieser Zeit geschlossen. Inserate zeigen Löwen, Bisons, Nashörner und das Flusspferd Nora. Vorgeführt wird Nora von dem mexikanischen

Dompteur Brietto. Er arbeitet über Jahre mit dem Tier und erzielt entsprechende Erfolge in der Dressur.

Rückblickend auf das turbulente Jahr 1919 heißt es in einem Programmheft von 1920: »Was uns der Circus Krone bietet ist innige Verschmelzung alter Circuskunst mit moderner Artistik; hier wird ebenso die klassische hohe Schule gepflegt, die uns das edle Pferd in seiner Aufrichtung und Sammlung zeigt und die bunte flimmernde Kunstfertigkeit der Bühne. Und dies alles in einem eleganten Rahmen, der an die Tradition Münchens als Kunststadt würdig anknüpft.«

STICHWORT 6
VÖLKERSCHAU

20 Pfennig Eintritt, Kinder sowie Militärpersonal vom Feldwebel abwärts nur 10 Pfennig – die Einnahmen für Carl Krone sen. sind kläglich. In den 70er-Jahren des 19. Jahrhunderts eröffnet er die »Afrikanische Negerschau«, sie erweist sich als unrentabel und wird schnell wieder geschlossen. Carl Krone sen. ist im deutschsprachigen Raum einer der ersten Unternehmer, der Völkerschauen präsentiert. Sie stellen Angehörige von »exotischen« Völkern zur Schau, zwischen 1870 und 1930 boomen diese kommerziell erfolgreichen Veranstaltungen: Zu ca. 400 Völkerschauen kommen Millionen Besucher. Schauplätze sind Jahrmärkte, Zirkusse, Zoos (mit prächtiger Kulisse) – und das Münchner Oktoberfest.

Die erst große Völkerschau veranstaltet Carl Hagenbeck 1874 auf seinem Hamburger Ausstellungsgelände. Präsentiert wird die »Lappländer-Ausstellung« mit Inuits, Rentieren, originalen Zelten, Werkzeugen und Schlitten. Die Schau ist so erfolgreich, dass sie u.a. in Paris gezeigt wird. Mithilfe seiner guten Verbindungen zu Tierhändlern präsentiert Hagenbeck weitere Völkerschauen, u.a. mit Nubiern. Insgesamt veranstaltet der Hamburger rund 100 dieser Unternehmungen, die aufwendig wie Theateraufführungen inszeniert werden.

Zirkusse sind ein beliebter Ort für Völkerschauen; so präsentiert Sarrasani 1913 erstmals »Original«-Sioux-Indianer. Krone zieht ein Jahr später nach: Er lässt eine 25-köpfige Indianergruppe auftreten. Völkerschauen haben mit der Lebenswirklichkeit der zur Schau Gestellten oft nur wenig zu tun, es werden Stereotypen über das dargestellte Volk bedient, wodurch die Bildung neuer Klischees erleichtert wird. Diese Art der Menschendarstellung verschwindet spätestens in den 1940er-Jahren, nachdem das Kino in fremde Welten führt und Fernreisen immer beliebter werden.

STICHWORT 7
PANTOMIME

Die Pantomime ist um die Jahrhundertwende in ganz Europa beliebt. Sie ist jedoch nicht im heutigen Sinne als mimische und gestische Darbietung ohne Worte zu verstehen. Vielmehr handelt es sich um ein immer weiter ausuferndes, Revue-ähnliches Spektakel.

Bis zu hundert Artisten, manchmal sogar noch mehr, tummeln sich in der Manege, Dutzende Pferde sind in Aktion, Elefanten rutschen schon mal eine künstlich angelegte Wasserkaskade hinunter. Das Unterhaltungsbedürfnis der modernen Großstadt ist grenzenlos. Wasserpantomimen sorgen bereits im Paris der 1880er-Jahre für Furore. Circus Busch führt 1892 seine erste Pantomime in Wien auf, Dutzende sollen folgen.

Vor der Jahrhundertwende sind es zunächst literarische Vorlagen, die prachtvoll-fantastisch umgesetzt werden – unter Einsatz von Ballett, Operettenmusik, Pferde- und Raubtierdressuren, Akrobatik und Clownerie. Auf das Wort wird verzichtet. Pomp auf der einen Seite – magerer Gehalt auf der anderen. Sind die Themen der Pantomimen zunächst eher harmlos-populär, stehen nach 1900 heroische Stoffe im Mittelpunkt: Nibelungenheld Siegfried wird vergöttert, der Ruhm von Reichskanzler Bismarck erstrahlt, der deutsche Kolonialismus in Afrika wird verherrlicht. Die Manegespektakel in den Wasserbecken werden immer nationalistischer: Mit bunt illuminierten Wasserfällen und Fontänen fängt es vor 1900 an, mit der Heroisierung des U-Boot-Krieges hören die Pantomimen nach 1918 auf.

Hans Stosch-Sarrasani gesteht: »Vor dem Krieg scheffelte der Circus im wahrsten Sinne des Wortes Gold.«

Die Zirkushistoriker Ernst Günther und Dietmar Winkler bescheinigen Paul Busch, mit seinen Heldenpantomimen die »Berliner Luft« in Mief verwandelt zu haben.

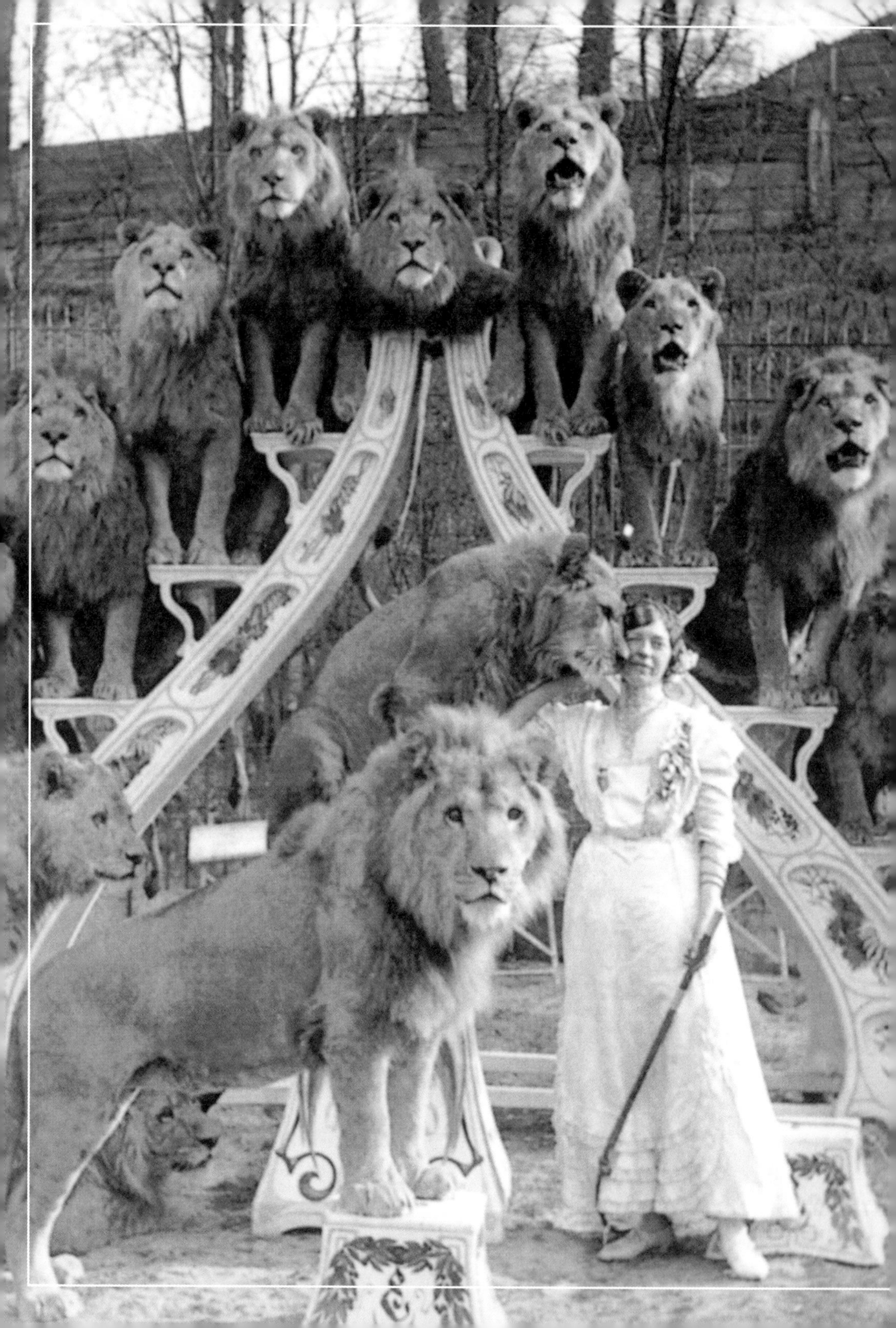

KAPITEL 4

KRONE CONTRA SARRASANI (1920ER-JAHRE)

ELEFANTENTREFFEN ZU ZWEIT

Jollen kreuzen auf der Außenalster, Schwäne schwimmen vor der Uferpromenade – dahinter erhebt sich ein stattlicher vierstöckiger Bau, gekrönt von der roten Hamburger Fahne: das Hotel Atlantik. Es ist eine der nobelsten Adressen (heute gehört der Palazzo zu Kempinski, in den 1920er-Jahren zum Stinnes-Konzern). 1929 ist dieses Hotel Schauplatz einer legendären Begegnung: Carl Krone und Hans Stosch-Sarrasani treffen sich zu einem Wortduell. Geklärt werden soll, wer der größte Zirkus in Deutschland bzw. in Europa ist, Krone oder Sarrasani.

Vorausgegangen ist ein Reklamekrieg. Gefochten wird seit zwei Jahren: auf Litfaßsäulen, mit Zeitungsannoncen, in Gerichtssälen, von Instanz zu Instanz. Eine Fehde, die bei beiden Kontrahenten Hunderttausende, wenn nicht Millionen Reichsmark (so Frieda Sembach-Krone) verschlingt. »Anwürfe«, »Irreführungen«, »Spiegelfechtereien«, heißt es in den Annoncen, dazu »Falschmeldungen von krankhafter Verbissenheit«. Eine weitere Annonce ist noch gewagter: »Gerichte haben klar und eindeutig das Urteil gesprochen …« Klar und eindeutig ist jedoch bis zu dem Hamburger Treffen gar nichts.

Im Vorfeld des Reklamekriegs sind Krone und Sarrasani auf Gastspielreise – Sarrasani in Südamerika, Krone in Spanien. Sieben Monate dauert die Krone-Tournee. In Bilbao strömen so viele Menschen in die Tierschau, dass es am Eingang gefährlich wird. Direktor Krone holt seine Lieblingselefantenkuh: Assam hält die Menschenmassen davon ab, die Kasse zu stürmen.

14 männliche Berberlöwen und eine Frau: Ida Krone alias Miss Charles inmitten ihrer Truppe, die eigentlich 24 Raubkatzen umfasst. Foto : Krone-Archiv

Im Frühjahr 1928 kehrt der Zirkus nach Deutschland zurück – in der Gewissheit, der größte in Europa zu sein. Prompt meldet ein anderer Heimkehrer Protest an: Sarrasani, vor zwei Jahren noch auf Südamerika-Tournee, legt sich mit Krone an. Der Reklamekrieg beginnt.

Dieser Krieg ist eine Wort- und eine Materialschlacht – beide Unternehmen wollen einander übertrumpfen und geraten in eine gefährliche Spirale. Frieda Sembach-Krone hält in ihren Erinnerungen fest: »Der Kampf bringt beide dazu, sich ständig zu vergrößern. Hat Krone zwölf Elefanten, muss Sarrasani 14 haben, hat Sarrasani 16, kauft Krone neue, um 18 zu haben, hat Sarrasani 24, kann man wetten, dass die Herde des Circus Krone innerhalb weniger Wochen auf 26 anwächst. Die Zelte und die rollenden Zoos werden größer, die Reklamekosten verschlingen Unsummen, und die beiden Direktoren sind nicht bereit, auch nur einen Zentimeter zurück zu stecken.«

Robert Wilschke, der damals bekannteste Zirkus- und Varieté-Agent, soll vermitteln. Nach langwierigen Vorverhandlungen hat er Carl Krone und Hans Stosch-Sarrasani nach Hamburg ins Hotel Atlantik eingeladen.

Wilschke bittet die beiden Zirkusdirektoren in den Salon. Die zwei schließen die Tür hinter sich. Der Stosch-Vertraute August Heinrich Kober erinnert sich später: »Wir sperrten die beiden Rivalen in ein Zimmer, in der Absicht, nach einer Stunde entweder zwei Versöhnte oder zwei Knochenhaufen abzuholen.«

Es dauert vier Stunden, bis die beiden größten Zirkusmänner Europas Hand in Hand vor die Tür treten. Wilschke präsentiert eine handgeschriebene Abmachung: Krone kann sich nun »Der größte Zirkus Europas« nennen, Sarrasani »Die schönste Schau zweier Welten«.

KRONE, DER STEH-AUF-ZIRKUS

Der Erste Weltkrieg war eine starke Zäsur für die beiden Zirkusse. Während Sarrasani fast alle seine Tiere verlor und das Unternehmen zusammenbrach, überstand Krone den Krieg relativ glimpflich – die Gala mit Alex Blumenfeld zur Eröffnung des neues Festbaus im Mai 1919 stellte einen guten Auftakt dar (siehe auch Stichwort 8: Alex Blumenfeld). Selbst die Nachkriegswirren und die Inflation können den Aufstieg des Münchner Zirkus nicht bremsen.

Keine zehn Jahre vergehen und Krone ist der größte Zirkus Europas. Den Grundstock für diese erfolgreiche Entwicklung legt Carl Krone in den frühen 1920er Jahren, in denen er auf Gastspielreise in Italien ist. Diese Reise bewahrt ihn davor, in den Sog der deutschen Inflation zu geraten oder gar in den Sog der Hyperinflation ab 1923. Benito Mussolini gelingt es ab 1922, die italienische Wirtschaft zu sanieren. Er stabilisiert die Währung, stopft Haushaltslöcher, senkt die Arbeitslosigkeit und kann die Wirtschaft ankurbeln. Offenbar haben die Italiener so viel Geld im Portemonnaie, dass sie sich einen Zirkusbesuch leisten können – wobei Krone bekannt ist für seine niedrigen Eintrittspreise. Die sehr erfolgreiche Dreijahrestournee durch Italien beginnt im Juli 1921 in Verona, wo der deutsche Zirkus zunächst vor fast leeren Rängen spielt. Nach fünf Benefizvorstellungen für Kriegswaisen gewinnt Krone das Publikum schließlich für sich. Im September 1921 besucht sogar König Vittorio Emanuele III. mit seiner Familie eine Aufführung in Turin, im September 1922 ist Mussolini in Mailand zu Gast.

HITLER IM CIRCUS KRONE

In den Sommermonaten der Jahre 1922, 1923 und 1924 ist Krone in Italien unterwegs, im Winter spielt er in seinem Münchner Festbau. Wird die Arena an der Marsstraße nicht vom Zirkus genutzt, dient sie anderen Zwecken, u. a. politischen Versammlungen. Adolf Hitler hat im Krone-Bau seine ersten großen Kundgebungen – manche dieser unsäglichen Veranstaltungen gehen in die Literatur ein.

Seinen wohl bekanntesten Auftritt hat Hitler dort am 3. Februar 1921. In ***Mein Kampf*** schildert er die Versammlung detailliert. Im Anhang von Hitlers Pamphlet ist das Plakat abgebildet, das auf die »Riesenprotestkundgebung« hinweist. Am Morgen des 3. Februar befürchtet Hitler noch, dass der »kolossale Raum« nicht voll werden könnte. Er lässt zusätzliche Flugblätter drucken und Lkws mit Hakenkreuz-Fahnen durch München fahren. Seine Angst erweist sich als unberechtigt: Um 20 Uhr ist die »Riesenmuschel« mit Tausenden Anhängern gefüllt, zweieinhalb Stunden polemisiert Hitler gegen Reparationsbestimmungen der Briten und Franzosen.

Er soll noch weitere Auftritte im Circus Krone haben – nachzulesen sind sie u. a. bei Bert Brecht. In Begleitung von Arnolt Bronnen besucht er eine solche Veranstaltung und registriert im Juni 1923 »das Spektakel, die Massenregie und die Massenauftritte des Hitler-Klüngels«.

Lion Feuchtwanger, der bis 1925 in München lebt, beschreibt in ***Die Brüder Lautensack*** die Stimmung so: »Alles fügte sich ineinander, die mächtig drohenden schwarzen Hakenkreuze auf den weißen Kreisen der blutroten, aufreizenden Fahnentücher, die braunen Uniformen, die rauschende Musik, das Geschrei und die dumpfe Gier der Masse.«

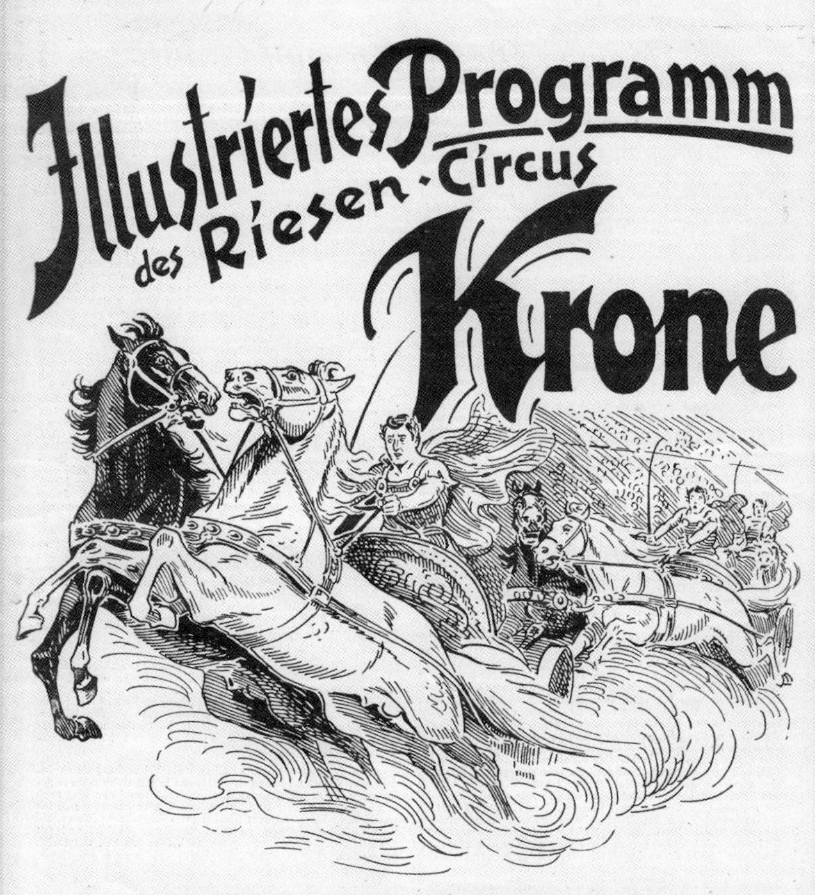

3 Manegen, 1 Rennbahn
500 exotische Tiere

Preis 50 Groschen

In seinen Lebenserinnerungen ***Gelächter von außen*** schildert Oskar Maria Graf ausführlich die Anfänge der NSDAP und die Hitler-Kundgebungen in München: »Fast tausend Kleinkrämer, Bäckermeister, stellungslose Schankkellner, graugewordene Buchhalter und Rentner, Milchfrauen, Witwen und anderes Mittelstandsvolk konnten ihn jede Woche im überfüllten Circus Krone sehen und hören. Nach flotten Militärmärschen trampelten ruck-zuck uniformierte Braunhemden, mit dem Hakenkreuz bemützt und gestiefelt, von den Seitengängen vor zur Rednertribüne.« Weiter heißt es bei Graf: »Alsdann tauchte aus dem dicken Dunst, der nach Tierurin und Kasernenmief roch, am Rednerpult Hitler auf. ... Wirklich, in diese Circus-Krone-Kundgebungen, da konnte jeder hingehen und durch Zwischenrufe wie ›Raus mit dö Saujuden‹, ›Aufhänga dö ganze Regierungsbagasch‹ seinem Zorn freien Lauf lassen.«

Nicht unbedingt eine Augenzeugin dürfte Gabriele Tergit sein, in deren Familiensaga ***Effingers*** aus dem Jahr 1951 sich eine Passage mit einer Hitler-Kundgebung im Circus Krone findet. Im 104. Kapitel heißt es: »Das ungeheure Rund des Zirkus war verdunkelt. In einen Lichtkegel trat der Redner: ›Du alte Frau‹, sagte er in scharfem Dialekt, ›Wer ist schuld daran, dass du so elend aussiehst? Wer hat dich um dein Geld gebracht?‹ Aus dem Riesensaal tönte von hinten eine Stimme, eine dunkle, schwere Stimme: ›Der Jude.‹ Von der rechten Seite kam eine zweite Stimme: ›Der Jude‹. Die Stimmen kamen langsam, einzeln, von oben, von unten: ›Der Jude, der Jude, der Jude.‹«

DREI MANEGEN

Während Hitler im Festbau an der Marsstraße Hasstiraden verbreitet, denkt Direktor Carl Krone über neue Dimensionen seines Zirkus nach: Nicht mehr rund soll die Manege sein, sondern oval. Und nicht nur 13 Meter im Durchmesser, sondern 100 auf 70 Meter. Drei Manegen müssen es sein, das ist Carl Krones neues Projekt nach der erfolgreichen Italien-Tournee. Vorbild ist der amerikanische Zirkus Barnum & Bailey, der zu Beginn des Jahrhunderts große Erfolge in Europa feiert. »Das durfte kein Rundzirkus mehr sein. Es mußte eine Riesenhalle werden, in der wie ein toller Wirbel die Attraktionen durcheinander fegten«, erinnert sich Carl Krone später. »Das Ganze mußte ein einziges grandioses Gemälde sein, sich kaleidoskopartig überstürzender zirzensischer und artistischer Darbietungen.« Frieda Krone ergänzt: »Mit 100 Programmnum-

Ein Zirkus der Superlative: drei Manegen, eine Rennbahn, 500 Tiere – illustriertes Winterprogramm aus dem Jahr 1927. Foto: Archiv Enzinger

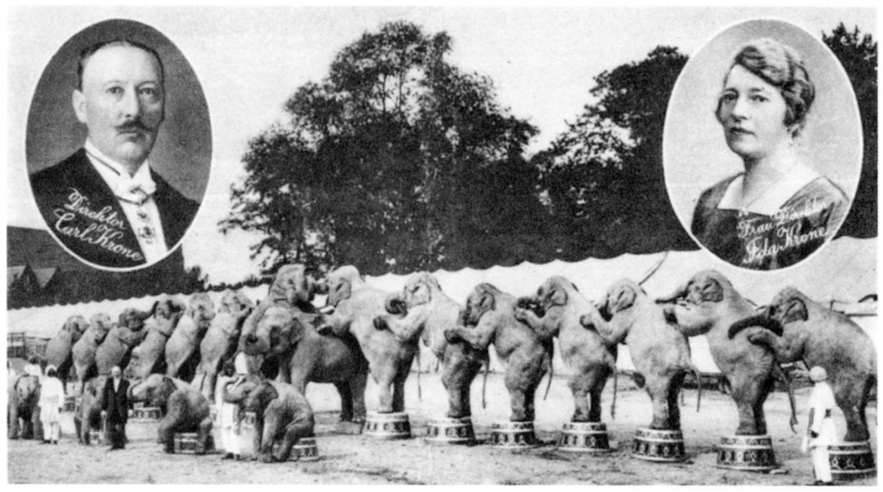

In seiner Hochzeit hat Circus Krone mehr als 20 Elefanten. Foto: Krone-Archiv

mern, mit einem Massenaufgebot an Tieren, mit Völkerschauen und mit Prunk und Pomp.« Zwischen den drei Manegen will Krone zwei quadratische Bühnen mit festem, glattem Bühnenboden errichten lassen – dort sollen die Artisten ihre Künste zeigen. Das Zelt mit seinem pompösen Angebot fasst 8 000 Zuschauer. Die Fixkosten des Unternehmens belaufen sich auf 12 000 Mark pro Tag (siehe auch Stichwort 9: Artistenloge und Direktoren-Verband).

Ein Blick auf das Programm des Drei-Manegen-Zirkus aus dem Jahr 1924 offenbart das Riesenspektakel: 72 Programmpunkte auf drei Ringe verteilt. Da treten zeitgleich in den einzelnen Manegen die Truppe Maraba mit Feuerspeiern und Schlangenbeschwörern, die Truppe Mereaux mit Akrobatik und die Mustafa-Compagnie mit arabischen Sprüngen auf. Abgeschlossen wird das Programm mit drei zeitgleich gezeigten Sensationen: mit der Berberlöwengruppe, mit den dressierten Braunbären und der Eisbärengruppe.

Die Hauptattraktion ist die Elefantenherde, dressiert und vorgeführt von Direktor Carl Krone persönlich. Dieses gigantische Programm in einem Vier-Mast-Zelt ist natürlich nur möglich mit mehr Artisten, mehr Clowns, mehr Tieren und höheren Kosten – die höhere Zuschauerzahl und die damit verbundenen Mehreinnahmen machen es möglich.

Rückblickend finden sich für dieses neue Konzept zunächst nur überschwängliche Worte: So heißt es in ***Das Geheimnis des Circusdirektor Carl Krone***: »Ein kühner Mann hatte es gewagt, die Jahrhunderte alte Tradition zu durchbrechen, dem Circus neue Richtung zu geben.«

Die Premiere des Drei-Manegen-Projekts geht in Lausanne über die Bühne. Danach folgt eine Deutschland-Tournee, Stationen sind Stuttgart und Augsburg. In den Erinnerungen von Frieda Krone heißt es: »Augsburg ist begeistert von der großen Schau, die geboten wird. Journalisten aus ganz Deutschland kommen angereist und berichten in Wort und Bild über diesen Circus der Superlative.«

DER AUFBAU: EINE KUNST FÜR SICH

Der Aufbau des Drei-Manegen-Zirkus ist eine perfekt durchorganisierte Meisterleistung des Personals. Die Kulturzeitschrift ***Westermanns Monatshefte*** des Jahres 1928 beschreibt sie detailliert. Zunächst werden »viele Hundert« Eisen-Zeltanker 1,20 Meter tief in den Boden gerammt, um die Zeltbauten zu verankern. Anschließend errichten die Arbeiter die Stallungen und Fassaden. »Die Monteure legen das neunhundert Meter lange Rohrnetz des Zirkus und verbinden es mit der städtischen Wasserleitung. Der Chefelektriker sorgt für die Lichtanlage, deren Kraft in vier eigenen Lichtmaschinen erzeugt wird, Feuerwehr und Sanitätsmannschaften schlagen ihre Zelte auf, Küche und Bäckerei eröffnen ihre Betriebe.« Die Telefonverbindungen werden installiert. In mancher Hinsicht ähnelt der Zirkus mit seiner Infrastruktur einer kleinen Ortschaft.

Die Hauptschwierigkeit besteht nun in der Errichtung des ersten 22 Meter hohen Mastes. Dazu heißt es in dem Bericht: »Steht dieser erst auf seiner Bohlenunterlage, so wachsen die anderen fünf schnell daneben auf. Währenddessen wird von den entsprechenden Kolonnen das Zelt vorbereitet und in seiner ganzen Ausdehnung am Boden verschnürt. Sobald die Masten stehen, ziehen alle Arbeiter zugleich das Segeltuch etwa drei Meter in die Höhe, und sogleich beginnt die Versteifung des Ganzen durch die äußeren Rondellstangen. Dann kriecht das gesamte Zeltpersonal unter dem Tuch hinweg in das Innere des Zelts und zieht die verknotete Leinwand an Flaschenzügen bis zur Spitze des Masts.«

Das Zelt steht – in drei Stunden beginnt die erste Vorstellung. Zuvor müssen Pferdewärter und Dompteure noch ihre Tiere füttern, die »Gouvernante gibt im Schulwagen den Kindern den ersten Unterricht. Herr und Frau Krone sind von ihrem Spaziergang, auf dem sie von den beiden zahmen Geparden begleitet wurden, zurückgekehrt.« Die Trompeten schmettern den Eröffnungsmarsch – die Vorstellung kann beginnen.

Endlich kommt Circus Krone auch nach München – diesmal auf die Theresienwiese. »Der Zirkus ist da«, titelt die ***Bayerische Staatszeitung*** am 17. Juni 1924.

Es ist erstaunlich, wie viel Raum die Münchner Zeitungen Circus Krone widmen. Dabei fällt auf, dass über die Tiere nicht nur nachrichtlich berichtet wird, sondern oft in verniedlichender Erzählweise. In vielen Fällen haben die Reporter offenbar die Diktion des Circus Krone übernommen. Die Übertragung menschlicher Eigenschaften auf Tiere, der sogenannte Anthropomorphismus, dürfte vielen Hunde- und Katzenbesitzern nicht unbekannt sein – sie verniedlichen und vermenschlichen ihre Lieblinge. Das ist auch im Bereich des Zirkus nicht anders: Giraffen, Elefanten oder Nilpferde sind nicht irgendwelche Nummern, sondern heißen Gretel, Charlie oder Poppäa. Elefanten büxen mal eben aus, ein Nilpferd reist im Badegelass. So kommt der Leser den Tieren vermeintlich nahe. Das kann durchaus Kalkül sein – zum einen sind die derart verniedlichten Tiere gute Werbeträger, zum anderen lenken sie möglicherweise von kritischen Fragen zur Tierhaltung ab.

Die *MNN* berichten am 18. Juni, dass Krone mit drei Sonderzügen mit jeweils 90 Wagen angereist sei. Beim Ausladen helfen Elefanten – sie ziehen die Zirkuswagen von den Loren auf die Laderampe. Auf dem Güterbahnhof an der Landsberger Straße beobachtet die ***Bayerische Staatszeitung***: »Aus den Wagenluken schlängeln Elefantenrüssel und Kamelköpfe.« Weiter heißt es: »Herden von Kamelen, Dromedaren, Elefanten tummeln sich da herum, afrikanische Strauße recken ihre langen Hälse hinaus, Münchner Luft atmend. Aus den großen Käfigwagen heraus tönt dumpf das unheimliche Gebrüll von Löwen, Leoparden.« Die »anspruchsvollste Reisende« ist übrigens ein Nilpferd: Es hat seinen eigenen Wohnwagen und daneben das erwähnte geräumige »Badegelass«.

Über das Zirkuslager auf dem Oktoberfestareal liest man in den *MNN*: »In der Tat gibt es da genug zu sehen. Wie reizend ist es, wenn beispielsweise einer der Elefanten trinkt, indem er an einer einfachen Brunnenleitung sich den Rüssel immer wieder mit dem dünnen Strahl anfüllt, bis er genug hat, oder in einer Arbeitspause grast, wobei er die grünen Halme, die am Wegrand wachsen, büschelweise gleich mit der Erde ausreißt, die er aber als ungenießbar wieder ausspuckt.«

Die ***Bayerische Staatszeitung*** berichtet: »Wie neugierig verspielt Elefanten sein können, zeigte Charly, ein Krone-Elefant, der beim Herausschieben der Circuswagen mithalf. Ihm fiel ein Kameramann auf, der die Szene filmte und dabei an

Im Jahr 1927 wirbt Krone mit sechs Masten, drei Manegen, zwei Bühnen, einer Rennbahn und 600 Tieren. Foto: Archiv Enzinger

PREIS: 40 PFENNIG

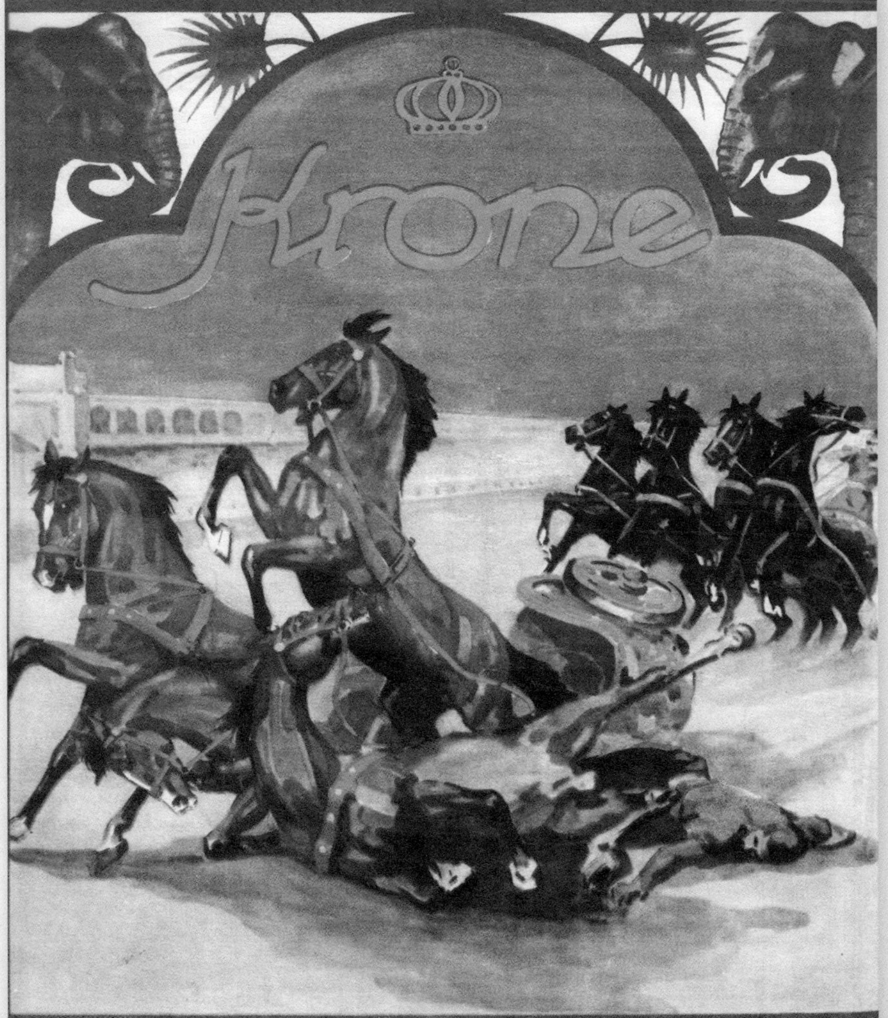

6 MASTEN
3 MANEGEN 2 BÜHNEN 1 RENNBAHN
600 TIERE

der Kurbel der Kamera drehte. Charly scheuchte den Mann beiseite und drehte selbst an der Kamerakurbel. Der Apparat hielt jedoch dieser Aktion nicht stand.«

DER RENNBAHN-ZIRKUS

Die drei Manegen halten sich nicht lange. Der Zirkusdirektor mischt sich persönlich unter das Publikum und hört sich um. Die Reaktion auf die drei Manegen stimmt ihn nachdenklich: »Unerhört vielseitig, gewaltiger Eindruck – aber es war zu viel.« In seinen Erinnerungen resümiert er, dass dieser Aufbau mit seiner verwirrenden Fülle von Darbietungen »gerade dem deutschen Publikum nicht die Befriedigung geben konnte, die den großen Aufwand gelohnt hätte«.

Der Drei-Manegen-Zirkus setzte auf Quantität, nicht auf Qualität – da sind sich die Zirkushistoriker einig. Ihr berühmtester Vertreter, Jewgeni Kusnezow, stuft Krone – im Gegensatz zu Sarrasani – als konservativ ein. Er habe nur das amerikanische Vorbild Barnum kopieren wollen. Mit bis zu 120 Einzeldarbietungen »der gängigsten Art« habe Krone das Publikum regelrecht erschlagen. Herausragende Auftritte von Artisten gingen in der Masse unter. Weiter heißt es bei Kusnezow, der einen Berliner Zuschauer des Jahres 1927 zitiert: »Die Aufnahmefähigkeit der Zuschauer scheint beschränkt und übersättigt, und der Zirkus büßt seinen Zauber ein.«

Schon in den Jahren 1926/1927 verabschiedet Krone sich von der Idee der drei Manegen. Um die Artisten und die Tiere dennoch »endlich aus der bedrückenden Enge der kreisrunden Manege herauszubringen«, schafft Carl Krone den Rennbahn-Zirkus. Er beschreibt ihn später in : »Das Pferd sollte sich nicht mehr in zwölf oder fünfzehn Galoppaden um die runde Manege erschöpfen; es sollte die Möglichkeit haben, auf langen geraden Strecken die ganz edle Schönheit seines Körpers zu zeigen.«

Im neuen Zirkus lässt Krone »Altdeutsche Ritter« mit Ritterrüstung und Lanzen auftreten, den Feuerwehrzug des Circus Krone, eine »ganze Horde echter Sioux-Indianer sowie einen Original-Cowboy«, eine Massenfreiheitsdressur mit bis zu 60 Pferden und seine 24 Elefanten. Während die Rennbahn zunächst um die drei Manegen und die zwei dazwischen liegenden Bühnen herumführt, wird das 6-Masten-Zelt bald nur noch eine einheitliche 62 (andere Quellen sprechen von 70) Meter lange Fläche überspannen.

Carl Krone ist stolz: »Das Ziel ist erreicht. Ein neues Riesenzelt, das größte in Europa je gebaute, überdeckt die gewaltige, einheitliche Fläche meiner großen Renn- und Kampfbahn. Der Idealtyp des modernen Großzirkus ist erstanden.«

DER ZOO IM ZIRKUS

Tiere und Sensationen, Artisten und Clowns – und zwar in Superlativen. All das ist »Der größte Circus Europas«. Aber Carl Krone will noch viel mehr: Er möchte der größte reisende zoologische Garten der Welt sein. Dazu schreibt er in ***Mein Leben***: »Mein Tierpark sollte nicht mehr nur eine Schau von Tieren sein, die in der Vorstellung benötigt wurden, es sollte ein richtiggehender Zoologischer Garten werden.« Selbstbewusst bescheinigt der Zirkusdirektor seinem Krone-Zoo einen »Kulturfaktor von größter volksbildnerischer Bedeutung«. Dazu muss man wissen, dass der Münchner Tierpark Hellabrunn zwar 1911 eröffnet wird (der erste Tierpark an der Isar ging bereits 1863 in Betrieb), aber 1922 wegen Geldmangels schließen muss. Erst 1928 ist Hellabrunn wieder für das Publikum zugänglich.

In mittelgroßen und kleineren Städten gibt es überhaupt keine Zoos, Tierfilme in Kinos sind wohl die absolute Ausnahme. Der deutsche Durchschnittsbürger kann Tiere aus anderen Erdteilen also nur im Zirkus sehen. An die Resonanz auf seinen Tierpark erinnert sich Carl Krone gerne: »Wochenlang habe ich in fast allen Großstädten Deutschlands gastiert, und der ungeheure Andrang war fast immer so überwältigend wie die hinreißende Begeisterung der Massen.«

Schon 1924 zeigt Carl Krone in seinem Tierpark (»Die größte wandernde Ausstellung von wilden Tieren«) 266 Tiere, darunter einen »Riesenelefanten« aus Sumatra, vier sibirische Kamele, zwei Zebras, einen bengalischen Tiger, einen Geparden, zwei sibirische Braunbären, sechs wild gefangene Löwen und das Nilpferd Noe, das – so der Werbezettel – »täglich sein Bad nimmt«.

Ein Jahr später sind es rund 500 Tiere, die Krone präsentiert. Untergebracht sind sie in München in 360 Meter langen und zwölf Meter breiten Stallungen, die auf drei Seiten des 1919 eröffneten Festbaus errichtet werden. Die Fußböden sind leicht gewölbt und lassen sich so mithilfe von Abschwemmvorrichtungen leichter trocken und sauber halten. Das Licht kommt von oben, Lüftungsanlagen regulieren das Raumklima. 1928 präsentiert Krone schon 683 Tiere, darunter 100 Raubtiere und 27 Elefanten. Jeden Sonntag ist der Krone-Tierpark zu besichtigen, um 11 bzw. 11.30 Uhr können die zahlreichen Besucher die Fütterung miterleben.

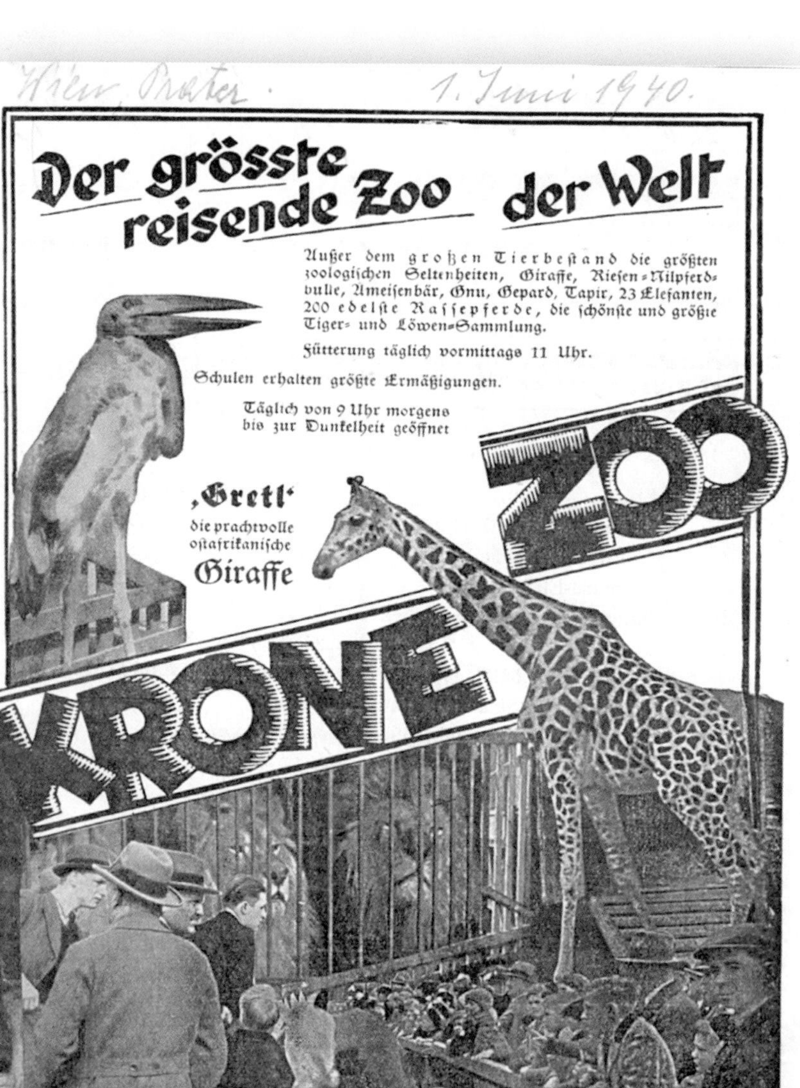

Montage: Plath

Eine genaue Aufstellung, was die Zoobewohner täglich so verspeisen, bietet die ***Pfälzer Zeitung*** vom 11. Juli 1927. Demnach erhält jeder Löwe pro Tag einen Brocken von 25 Pfund Pferdefleisch. Insgesamt brauchen die Tiere täglich 16 Zentner Fleisch, 100 Zentner Heu, 17 Zentner Hafer, 1 Zentner Reis, 100 Zentner Stroh zum Einstreuen, 5 Zentner Kleie und 2,5 Zentner Fisch. Außerdem verfüttert Krone u.a. Lebertran, Leinsamen, Haferflocken, Garnelen, Sonnenblumenkerne und 50 Bananen am Tag.

Das 1932 erschienene Heft ***Das Geheimnis des Circusdirektors Carl Krone – Seine Erfolge, sein Werk und seine Bedeutung*** von Paul Bindels bietet einen Einblick in den »größten reisenden Zoologischen Garten der Welt«. Darin enthalten ist ein Rundgang entlang der Zelte und Käfige, vorbei an Tigern, Löwen, Leoparden, Panthern, Nilpferden, Seelöwen, Schildkröten, Alligatoren, Straußen, Flamingos, Dromedaren, Lamas oder Ameisenbären. Im Marstall stehen 250 »edle Pferde, Rücken an Rücken«.

Immer wieder verfällt Bindels allerdings in eine heutzutage irritierende Schwärmerei: »Ein mächtiges Gebirge grauer Leiber wogt schnaufend, pfeifend, trompetend auf und ab. 27 indische Giganten sind die willigen Untertanen der kleinen Menschlein geworden, die sie betreuen. Aber wenn Direktor Krone das Zelt betritt, dann zeigen sie, dass sie ihrem Herrn und Meister Freunde wurden, innige zärtliche Freunde, und voll Verlangen strecken sich 27 Rüssel ihm entgegen, liebkosen 27 Rüssel den Mann, der sie die vielen Künste lehrte, von denen sie nichts ahnten in ihrer Urwaldseele.«

JACK-LONDON-CLUBS

Die »willigen Untertanen mit ihrer Urwaldseele« finden um das Jahr 1930 ganz andere Fürsprecher: Es sind die »Jack-London-Clubs«, die in den USA und Großbritannien entstehen. Sie möchten alle Tierdressuren als Quälereien verboten wissen. Namensgeber ist der Schriftsteller Jack London, der in seinem Roman ***Michael, der Bruder Jerrys*** die Leiden eines dressierten Hundes in einem Zirkus beschrieb. 1929 fordern auch in Dänemark Tierfreunde den König auf, den Zoo in Kopenhagen schließen zu lassen. In Deutschland wird in den Fachmedien über die »Jack-London-Clubs« debattiert, selbst Stosch-Sarrasani mischt sich ein und verteidigt die traditionelle Position der deutschen Zirkusse.

Im Jahr 1940 präsentiert Krone in seinem Zoo unter anderem die legendäre Giraffe Gretl. Foto: Archiv Enzinger

Circus Krone bezeichnet die Anhänger der Clubs als »Phantasten«, die »in Wort und Schrift ihre Ziele bei den Behörden« durchsetzen wollen; »gute Absicht« sei den Clubs allerdings nicht abzusprechen. Wie es in der Broschüre ***Das Geheimnis des Circusdirektors Carl Krone*** von 1932 weiter heißt, müsse man aber die den Tieren zugewandte Arbeit der Dompteure genauer betrachten. Dabei stelle sich heraus, dass die Dressur mit »Revolver und Peitsche, Knall und Blitz« nur die Wirkung aufs Publikum steigern solle – »sie gehören in die Manege wie die Glocken in den Kirchturm«. Das abschließende Urteil über die Jack-London-Clubs: »Nein, Ihr Herren vom Jack-London Club, Ihr habt die jedem Fuhrmann geläufige Selbstverständlichkeit übersehen, dass eine Peitsche, die knallt, das Tier niemals getroffen haben kann – weil sie sonst nämlich nicht knallen würde. Und wenn Ihr bei Krone eine Quälerei finden wollt, so könntet Ihr ebenfalls gut eine Stecknadel im Sande seiner riesigen Manege suchen.«

Der Krone-Zoo auf Reisen – das geht nicht immer glimpflich über die Bühne. Ein Beispiel dafür sind die »Abenteuer« der indischen Elefantin Katschi, wie sie Zoo-Direktor Kurt Priemel 1927 in seinen ***Mitteilungen aus dem Frankfurter Zoo***, Jahrgang 4, Heft 11/12, festhält. Katschi ist eine von fünf Elefanten, die nach einem Krone-Gastspiel in Frankfurt nach Bad Kreuznach transportiert werden sollen. Einer der drei Züge gerät durch Unachtsamkeit auf ein Abstellgleis und einen fünf Meter hohen Damm, wo sich drei Wagen selbstständig machen und in die Tiefe rasen. In den vorderen Wagen befinden sich Zebras, die relativ problemlos geborgen werden können. Im letzten umgestürzten Wagen sind fünf Elefanten eingeklemmt, die laut trompeten und versuchen, sich zu befreien. Krone-Arbeiter schlagen eine Wagenwand ein, bergen vier relativ unverletzt gebliebene Tiere. Unterdessen ergreift Katschi, ein achtjähriges Weibchen, die Flucht. Zoodirektor Priemel erinnert sich: »Beim Morgengrauen unternahm das Tier Exkursionen, zertrampelte Felder und Garten-Anlagen und unternahm eine Promenade auf den Frühbeetfenstern verschiedener Gärtnereien, versuchte ein Automobil zu stellen und attackierte einen Radfahrer.«

Hilfe ist gefragt: Carl Krone eilt herbei, ebenso Zoodirektor Priemel und zwei Hundertschaften mit Schupos, die das verängstigte Tier nur noch nervöser machen. Assam, die legendäre Elefantenkuh, muss her. Die kommt mit dem Nachmittagszug aus Bad Kreuznach, trompetet beim Anblick von Katschi und beruhigt die Ausreißerin. Die beiden Elefanten werden in den Zug nach Bad Kreuznach verfrachtet. Dort stellen Veterinäre fest, dass sich Katschi bei ihren Frankfurter Exkursionen so stark verletzt hat und nervlich so angegriffen ist, dass sie zurück in den Frankfur-

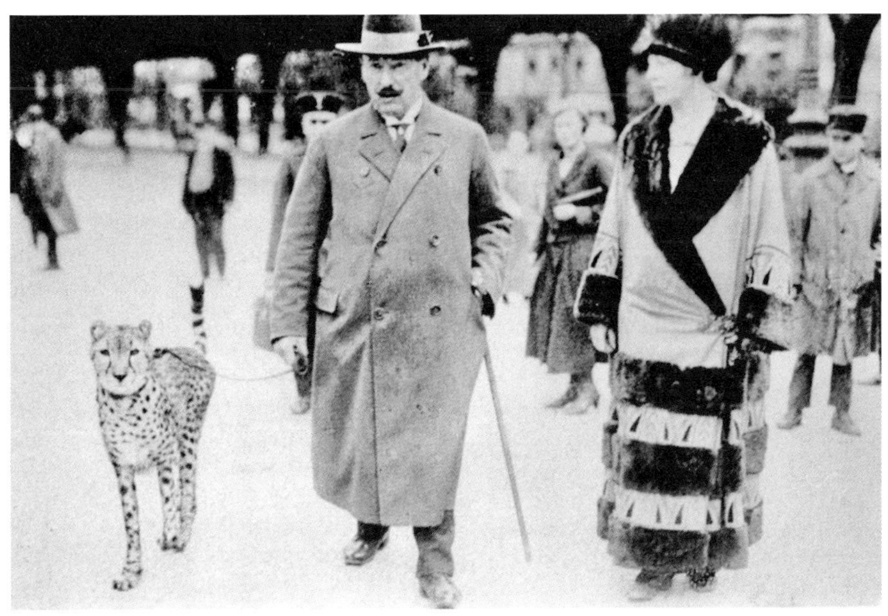

ter Zoo soll. Der Transport verläuft zunächst ruhig, doch das Tier wird immer gereizter und verletzt den Krone-Dresseur Althoff so schwer, dass der sich den rechten Ellbogen gleich zweimal bricht. Im Frankfurter Zoo angekommen, gelangt Katschi zur indischen Elefantin Venita. Der Direktor erinnert sich: »›Venita‹ nahm sich mütterlich der kleinen Gefährtin an und ›Katschi‹ beruhigte sich unter ihrem Einfluss überraschend schnell, so dass sogleich mit der tierärztlichen Behandlung begonnen werden konnte.«

Krone ist Ende der 1920er-Jahre der größte und reichste deutsche Zirkus und tourt mit 285 Transportwagen und 1 200 Mitarbeitern durch Österreich, Frankreich, Belgien und Holland. Seine Mitarbeiter bauen die Zelte um 23 Uhr nach der Vorstellung innerhalb von drei Stunden ab und sind bereit für das nächste Gastspiel. Die Zirkushistoriker Ernst Günther und Dietmar Winkler bewerten die 1920er-Jahre so: »Bei aller Würdigung dessen, was Sarrasani in die deutsche Zirkusgeschichte einbrachte, bleibt die Feststellung: Krone war der bessere Geschäftsmann, der reichste Zirkusbesitzer Deutschlands.«

Laut Kusnezow hat Krone Ende der 1920er-Jahre ein Vermögen von 25 Millionen Goldmark. Er besitzt jetzt 215 Pferde.

Ida und Carl Krone flanieren mit Geparden durch Berliner Straßen (1920). Foto: Krone-Archiv

Vor allem ist Krone ein gewiefter Werbestratege, der selbst einen dramatischen Unfall noch für seinen Zirkus zu nutzen weiß.

So steht beispielsweise 1930 in einem Programmzettel, dass Tierlehrer Bendix von Tigern »zerfleischt« wurde. Diesen Vorfall schildert Hermann Dembeck in seinem Buch ***Dompteur und Bestie***. Zunächst fallen die Tiger Java und Burma einander an. Mit einer Eisenstange bewaffnet geht Bendix auf die Tiere zu. Java springt mit einem riesigen Satz auf den Dompteur und reißt ihn nieder: »Der Tiger verbeißt sich in den Oberarm. Es hört sich an, als zermalme eine Maschine Knochen. Dazwischen vernehmen die entsetzten Zuschauer das heisere Fauchen der Bestie.« Ein Mann der Zirkusfeuerwehr kann helfen: Er richtet den armdicken Wasserstrahl auf die Tiere, die durch den Laufgang davonrasen. Ein Sonderflugzeug bringt den schwer verletzten Bendix nach Berlin, wo er in der Klinik von Professor Sauerbruch operiert wird und später eine Armprothese erhält.

STICHWORT 8
ALEX BLUMENFELD

Puppchen ist eine Attraktion – vor der Kasse von Krone stehen die Zirkusfreunde Schlange. Alle wollen die Araberstute sehen, die nach dem Rhythmus von Operettenmelodien tanzen kann. Bevorzugter Schlager: »Puppchen, Du bist mein Augenstern«. Reiter der Stute ist Alex Blumenfeld jun. (1885–1942), der aus einer weitverzweigten jüdischen Zirkusfamilie stammt. Er ist der Star bei der Eröffnungsgala von Circus Krone im Mai 1919, tritt als Reiter der hohen Schule, aber auch in anderen Manegen auf, so etwa in Magdeburg.

Dort hat die Familie Blumenfeld seit 1914 ein eigenes festes Zirkusgebäude, in dem Carl Krone kurz vor Ende des Ersten Weltkriegs gastiert.

1811 beginnen die Blumenfelds mit vier Pferden und zwei Bären. Ende des 19. Jahrhunderts zählen sie zu den größten deutschen Zirkusunternehmen. 80 Pferde zeigen Schul- und Freiheitsdressuren. In der sieben Monate dauernden Saison gastiert der Zirkus, der ein Zelt für 4 000 Zuschauer hat, in 120 Städten. 1928 müssen die Blumenfelds Konkurs anmelden – damit endet eine Zirkusära. Alex Blumenfeld zeigt jetzt seine hohe Schule in den Niederlanden und in Skandinavien. 1937 geht er in die Emigration. Weitere Stationen sind Belgien und Frankreich, wo er schließlich als »feindlicher Ausländer« festgenommen und interniert wird.

Alex Blumenfeld landet im südfranzösischen Lager Drancy, aus dem er am 14. August 1942 in das Konzentrationslager Auschwitz deportiert wird. Hier wird er ermordet. Die Zirkushistoriker Gisela und Dietmar Winkler erinnern: »Von der Zirkusfamilie Blumenfeld sind 30 Angehörige in der Zeit von 1933 bis 1945 ermordet worden, an den Folgen des KZ-Aufenthalts oder durch Selbstmord gestorben. Jeder Einzelne erlitt ein tragisches Schicksal und soll nicht vergessen werden.«

STICHWORT 9
ARTISTENLOGE UND DIREKTOREN-VERBAND

Das Gros der Zirkuskünstler verdient in den 1920er-Jahren miserabel. Dieses Resümee zieht Ernst Günther in seinem Standardwerk ***Zirkusgeschichte.*** Dabei setzen Artistinnen und Artisten tagtäglich ihre Gesundheit, ja sogar ihr Leben aufs Spiel.

Noch schlechter geht es den Arbeitern und Angestellten. Für sie gilt das in Großzirkussen angewandte Kontraktsystem. Es regelt das Arbeitsverhältnis zwischen Kontrahent I, dem Direktor, und Kontrahent II, dem Arbeiter. Danach hat Kontrahent II seine ganze Arbeitskraft ausschließlich Kontrahent I zur Verfügung zu stellen. Der Arbeiter ist zu unbedingtem Gehorsam verpflichtet, bei Verstößen gegen die strenge Hausordnung sind zum Teil hohe Strafen zu zahlen. Um die Interessen der Künstler wahrzunehmen, gründet sich 1868 in Berlin zunächst die Internationale Artistengemeinschaft, die Hilfe bei Krankheits- und Todesfällen verspricht. 1901 wird die Internationale Artistenloge (IAL), ein »Freigewerkschaftlicher Zentralverband der Spezialitätenkünstler von Varieté, Zirkus und Kabarett«, ins Leben gerufen. Er kämpft für die Rechte der Künstler. Im Visier der Loge sind unlautere Verträge. Die Verbandszeitschrift ***Das Programm*** macht es sich zur Aufgabe, »gegen die erwiesene Ausbeutung der unerfahrenen Artisten« zu kämpfen. Der Loge IAL gegenüber steht seit 1901 der Internationale Varieté-Direktoren-Verband, dem 1918 der Internationale Varieté-Theater-Direktoren-Verband (IVTDV) folgt.

1918 wird der erste Zirkuseinheitsvertrag abgeschlossen, der allerdings längst nicht in allen Zirkussen zur Anwendung kommt. 1920 handeln Artistenloge und Direktoren-Verband einen Vertrag mit verbesserten Arbeitsbedingungen aus, den das Reichsarbeitsministerium für verbindlich erklärt.

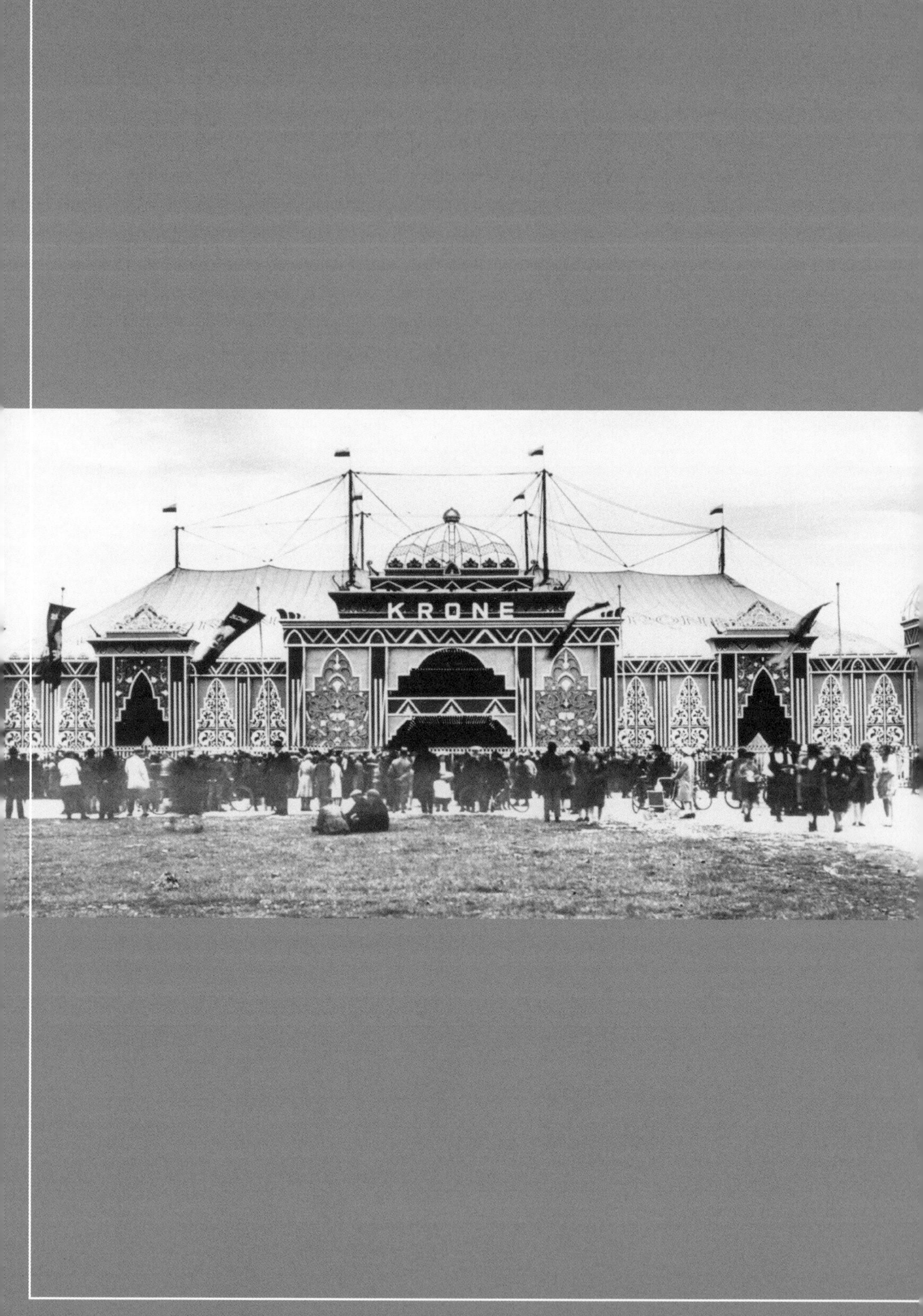
KRONE

KAPITEL 5

FREUDE UND FROHSINN – VERORDNET (1930ER-JAHRE)

Zehntausende Neugierige sind gekommen. Dichtgedrängt, in mehreren Reihen hintereinander, stehen sie am 1. Juni 1932 an den Münchner Straßen. Viele sind auf Bäume geklettert, auf Mauern gestiegen. An den Zuschauern vorbei ziehen Dromedare, Gnus, Zebras, Bisons und Pferde. Von den Drachenwagen winken chinesische Akrobaten den Zuschauern zu. Carl und Ida Krone sitzen in einem offenen Landauer, vier herausgeputzte Schimmel ziehen die Kutsche. Krone-Tochter Frieda reitet elegant gekleidet im Damensitz an der Spitze einer Gruppe von Kunstreiterinnen. Die Polizei regelt den Verkehr.

In der ersten Reihe sitzen Kinder am Straßenrand – sie haben schulfrei. Jedes zweite Kind ist barfuß. 1932 melden die Behörden erschreckende Zahlen: Die Arbeitslosigkeit ist von 8,5 Prozent im Jahr 1929 auf 29,9 Prozent im Jahr 1932 angewachsen. Allein Bayern hat 543 999 Arbeitslose, fast jeder Dritte ist ohne Broterwerb.

Vier Wochen nach dem Prachtumzug spricht Adolf Hitler zwei Stunden im Circus-Krone-Bau: Von München aus müsse es eine deutsche Erhebung geben. Tosender Beifall. Die NSDAP erreicht bei den Landtagswahlen vom April 1932 43 Prozent, fünf Jahre zuvor waren es noch 9 Prozent.

Circus Krone zeigt beim Umzug durch München nur einen Bruchteil seiner Pracht: Das Unternehmen hat 800 Tiere und 1 000 Mitarbeiter. Im Vergleich zur Konkurrenz (Sarrasani wird am 31. August 1932 stillgelegt) geht es Krone gut. Doch der Zirkus sorgt sich angesichts der hohen Arbeitslosigkeit um seine Zuschauerzahlen. Statt auf Gastspiele von mehreren Tagen oder sogar Wochen in größe-

Krone in seiner Glanzzeit – Ende der 1920er-, Anfang der 1930er-Jahre. Foto: Krone-Archiv

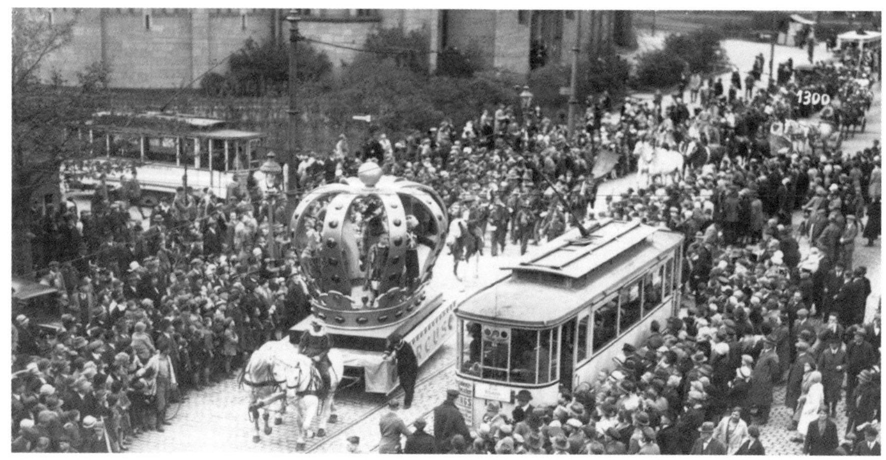

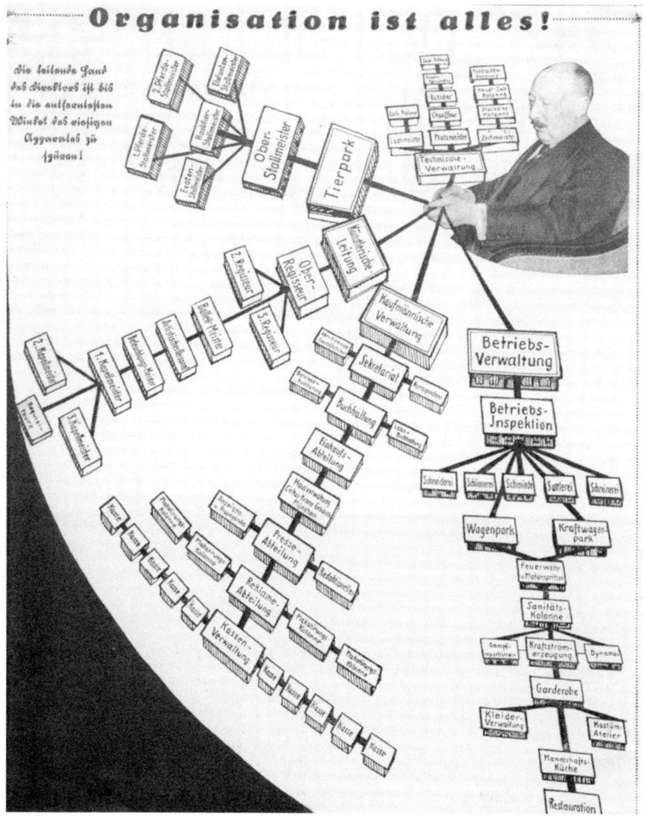

Bei Umzügen durch eine Stadt haben die Kinder oft schulfrei – das Foto zeigt die Parade in Koblenz im Jahr 1930. Foto: Krone-Archiv

So funktioniert der Circus – ein Schaubild aus Das Geheimnis des Circusdirektors aus dem Jahr 1931. Foto: Krone-Archiv

ren Städten setzt man jetzt auf kurze Auftritte, auch in der Provinz. Krone nennt dieses Vorhaben »Blitztournee«. Er will damit durch ganz Deutschland ziehen. Auf einer Direktionssitzung wird das Projekt besprochen – gekommen sind sie alle, die Geschäftsführer, die kaufmännische Verwaltung, das Presse- und das Reklamebüro, das Einkaufs-, das Betriebs- und das Personalbüro, die Kassenverwaltung und die Buchhaltung.

Wie diese Tournee ablaufen soll, beschreibt Paul Bindels in seiner 64-Seiten-Publikation ***Das Geheimnis des Circusdirektors Carl Krone*** aus dem Jahr 1932. Die Broschüre gibt einen guten Einblick in die Abläufe eines durch und durch perfekt organisierten Unternehmens. Direktor Carl Krone instruiert »seine Herren«, gibt Anweisungen für Gastspiele in kleineren Städten: »Sie, Herr Pressechef, haben dafür zu sorgen, dass Reichsbahn und Autobusgesellschaften ein ganz dichtes Netz von Sonderverbindungen aller Art einlegen, die unsere Besucher aus allen Richtungen in denkbar bequemster Weise an- und wieder abbefördern.« Zum Herrn Reklamechef gewandt ordnet Krone an: »Sie werden von jetzt an statt mit sechs mit zehn Kolonnen von Plakateuren losziehen müssen und außerdem eine Truppe als Vorreklame vorausschicken, die noch früher unser Kommen ankündigt. Die Reklameautos werden entsprechend vermehrt.« Den Betriebsinspektoren erklärt Krone, dass sie in Zukunft mit der doppelten Anzahl von Zeltarbeitern zu rechnen haben. »Wenn 300 Arbeiter bisher in acht Stunden eine bestimmte Arbeit erledigen mußten, so werden 600 Mann die gleiche Arbeit eben in vier Stunden bewältigen.«

CIRCUS KRONE TOURT DURCH DIE PROVINZ

Die Arbeit der nächsten Wochen an dieser kleinteiligen 1932er-Tournee beschreibt Bindels sehr anschaulich und detailliert. Aufgeführt sind die Aufgaben der Geschäftsführer, des Direktions- und des Reklamebüros, des Einkaufs- und des Betriebsbüros sowie des Personalbüros. Demnach fährt ein Geschäftsführer von Stadt zu Stadt, inspiziert die infrage kommenden Plätze. Er hat alles im Griff: »Wir mieten den Platz ohne Wasseranschluss. Das Wasser schaffen wir uns selber in unseren 5 Kubikmeter fassenden Tankwagen heran.«

In der nächsten Stadt ist der Platz hügelig und wellig. »Macht nichts, den lassen wir planieren.« An anderer Stelle gibt es einen breiten Wassergraben. »Da bauen wir mehrere Brücken. Man kann mit vier Extrazügen und 400 Wagen, mit 1 000 Menschen und 800 Tieren nicht wie ein Floh im Gelände herumspringen.«

Das Direktionsbüro hat die Verbindungen zwischen Krone und den Stadtverwaltungen zu regeln. Das Pressebüro instruiert die Zeitungen und gibt Inserate auf, es erstellt eine ***Krone-Illustrierte*** und lässt Millionen Flugblätter drucken.

»Daneben läuft die Korrespondenz mit den einzelnen Reichsbahndirektionen, Lücken des Fahrplans müssen durch Dutzende von Sonderzügen ausgefüllt werden, die einen bequemen An- und Abtransport der Besucher aus der Umgebung ermöglichen. Auch die Schulen müssen mobil gemacht werden.«

An das Reklamebüro ergeht die Anweisung, über städtische Anschlagstellen zu verhandeln. »Scheunentore, Bretterzäune, Hauswände – von überall muss es in leuchtenden Farben herabschreien: Krone, Krone, besucht Krone.« Aus allen Zeitungsspalten müsse das Wunderland Krone herausrufen.

Die Verantwortlichen im Einkaufsbüro sind angehalten, Futtermittel zu beschaffen, um den Appetit der »800 brüllenden, fauchenden, piepsenden, trompetenden und bellenden Tiere zu stillen«. Das bedeutete u. a. pro Tag: 60 Zentner Heu, 24 Zentner Hafer, 50 Zentner Stroh, 800 Pfund Pferdefleisch. »Die Ernte eines ganzen Ritterguts wandert alljährlich in die schlampfenden Mäuler der Pflanzenfresser, der Pferdebestand eines ganzen Reiterregiments in die zermalmenden Rachen der Raubtiere.«

Dem Betriebsbüro gibt Zirkusdirektor Carl Krone die Anweisung, den riesenhaften Apparat der Zelt- und Wagenstadt mit »Mann und Maus in wenigen Stunden wie ein Spielzeug zusammenzupacken und 150 Kilometer weiter in seiner ganzen Pracht wieder erstehen zu lassen«. Spezialarbeiter helfen bei dieser Aufgabe, darunter Schmiede, Schreiner, Schlosser, Schneider, Sattler und Maler.

»Man kommandiert eine eigene Feuerwehr mit Messinghelmen und Motorspritzen und hat für alle Fälle immer Sanitäter um sich.« Dampfmaschinen, Dieselmotoren und »riesenhafte Dynamos« sorgen dafür, dass 10 000 Glühbirnen leuchten. Im Personalbüro bewerben sich die Künstler und Artisten, um beim Circus Krone auftreten zu dürfen.

CILLY, DIE TIGERBRAUT

237 Bewerbungen gehen im Personalbüro ein – ausgewählt wird das blondlockige Fräulein Heiderich aus Dinslaken. Sie ist gerade mal 18 Jahre alt und wird bei Circus Krone »Cilly, die Tigerbraut«. Bis es soweit ist, trainiert die junge Dame ein Jahr lang bei Carl Lichtenthal (siehe auch Stichwort 15) – zu-

Cilly, die Tigerbraut, schließt ihren Auftritt mit einem Markenzeichen: Sie trägt einen Tiger auf den Schultern aus der Manege (Anfang der 1930er-Jahre). Foto: Krone-Archiv

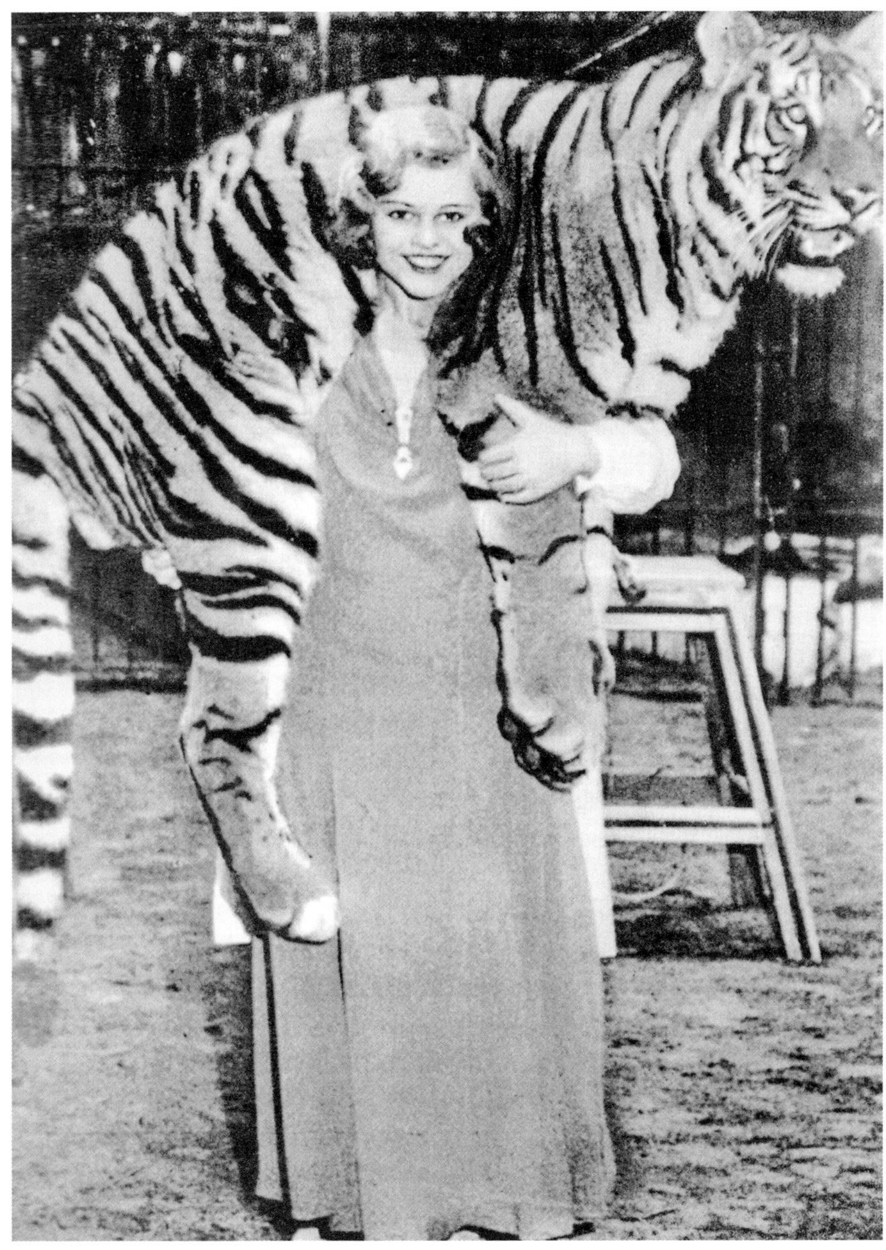

sammen mit sechs Tigern. Am 16. Februar 1931 tritt Cilly erstmals im Zentralkäfig von Circus Krone auf. Sie wird 1931 und 1932 zu einem neuen Stern am Zirkushimmel, schwärmt Krone-Chronist Klaus-Dieter Kürschner: »Die Nummer wird eine Weltsensation.«

Jede Vorstellung endet mit der gleichen Nummer: Cilly, die Tigerbraut, trägt ihre mehr als zwei Zentner schwere Lieblingsraubkatze auf den Schultern unter dem Jubel des Publikums aus der Manege.

Die Tigerbraut ist nur ein Beispiel der Geschichtsschreibung, wie sie 1998 von Christel Sembach-Krone (der Enkelin von Carl Krone jun.) in Auftrag gegeben und autorisiert wird. Der Tigerbraut Cilly räumt Klaus-Dieter Kürschner in seinem Buch ***Von der Menagerie zum größten Circus Europas: Krone*** dabei mehr Platz ein als dem Thema »Krone und der Nationalsozialismus«.

CARL KRONE UND DIE NSDAP

Die wohl wichtigsten Fragen in Bezug auf Krones Einstellung zum Nationalsozialismus betreffen den Eintritt Carl Krones in die NSDAP im Jahr 1932 und die Vermietung des Krone-Festbaus (siehe auch Kapitel 4).

Obwohl Adolf Hitler schon 1921 im Circus-Krone-Bau auftrat, muss das nicht unbedingt bedeuten, dass Carl Krone den dort gehaltenen Reden zugestimmt hätte. So urteilt Mira Horvath in ihrer Diplomarbeit ***Zirkus Krone. Die Wiener Gastspiele eines Großzirkusses***: »Meiner Einschätzung nach ist die Tatsache, dass der Zirkusbau für Reden gemietet wurde, weniger eine Zuschreibung für ein Nahverhältnis zwischen der Person Carl Krone zum Nationalsozialismus als die Aneignung des Raumes und seiner Massenwirkung für die Bestrebungen Hitlers.«

Seinen Münchner Festbau vermietet Krone übrigens nicht nur an die NSDAP, sondern auch an die KPD und die SPD oder an Berufsverbände. Wie das Münchner Spruchkammerverfahren zeigt (siehe Kapitel 6), gibt es zwischen 1. Januar 1927 und 28. Februar 1933 im Circus-Krone-Bau 53 Veranstaltungen der NSDAP, 13 der KPD und sieben der Sozialdemokraten. Offenbar kann sich die Nazi-Partei den Raum, den sie eine »Kampfstätte der Bewegung« nennt, am häufigsten leisten. Sie stellt zudem eigene Ordner und muss daher weniger Miete als die anderen Parteien zahlen.

In der NS-Zeit wird der Auftritt Hitlers im Krone-Bau natürlich gefeiert (»historische Ehre«, »erregend«). Robert Wilschke, der Vermittler im Reklamezwist zwischen Krone und Sarrasani, schildert in seinem Werk ***Im Lichte des Scheinwer-***

fers aus dem Jahr 1941 die Versammlungen folgendermaßen: »Später haben auch in anderen deutschen Städten die großen massiven Zirkusgebäude den Nationalsozialisten die erste Möglichkeit gegeben, ihr Wort an große Massen zu richten. Und ein anderes einstiges Zirkusgebäude ist den kulturellen Zielen der Bewegung in schönstem Maße dienstbar geworden – der alte Zirkus Schumann …«

Neben der Raumvermietung an die Nationalsozialisten gerät ein weiteres Ereignis in die Diskussion und in die Kritik: Carl Krone tritt 1932 (also vor der sogenannten Machtergreifung) in die NSDAP ein. Das liest sich bei Kürschner so: »Er (Krone) ist fast 62 Jahre alt, und die Existenz seines Lebenswerks, seines Circus, möchte er nicht (…) in Gefahr bringen. Und so tritt er (…) die Flucht nach vorn an. Er telefoniert mit seinem Verwaltungs-Inspektor Karl Spieß in München und sagt: ›Besorgen Sie mir doch auch so einen Bonbon, damit ich meine Ruhe habe‹. Herr Spieß besorgt den ›Bonbon‹, wie im Volksmund das Abzeichen der Nazi-Partei genannt wird, und damit hat sich für Carl Krone die Sache erledigt.« Nach den Worten Kürschners will Carl Krone mit seinem Parteieintritt all jenen den Wind aus den Segeln nehmen, die eine jüdische Herkunft des Zirkusdirektors ins Feld führen. Friederike Philadelphia, die Mutter von Carl Krone sen., war schließlich jüdischer Abstammung.

Christel Sembach-Krone schilderte Klaus-Dieter Kürschner gegenüber die Beweggründe ihres Großvaters folgendermaßen: »Carl Krone stellte sich erst taub, dann drohten die Nazis ihm wegen seiner jüdischen Verwandtschaft – und er wollte nicht sein Lebenswerk durch den ›verrückten Hitler‹ enteignet wissen.«

Wiederum anders berichtet es Verwaltungsinspektor Spieß selbst, der beim Spruchkammerverfahren 1947 aussagt. Wörtlich erklärt er (so die Akten im Münchner Staatsarchiv): »Ich ging ins Braune Haus und holte die Eintrittsformulare für Krone und mich.« Spieß sagt aus, dass er großem Druck von der Münchner Gauleitung ausgesetzt gewesen sei. Dies alles habe sich nach der »Machtergreifung« zugetragen.

BERUFSVERBOT FÜR JUDEN

Carl Krone muss sich – wie andere Direktoren auch – nicht nur der organisatorischen Gleichschaltung durch die Nazis fügen, sondern auch der personellen und der inhaltlichen (siehe Stichwort 10).

Am 1. Mai 1933 tritt die »Verordnung über ausländische Arbeitnehmer« in Kraft. Damit müssen Ausländer eine offizielle Arbeitserlaubnis haben, was in vielen Zirkussen nicht üblich ist. Die Folge ist die Entlassung langjähriger Mitarbeiter. Eine Verschärfung der Verordnung führt dazu, dass sich der Personalbestand in vielen Zirkussen verringert. Die Programme werden immer dünner, die Zahl der Nummern geht zurück – ein Phänomen, das auch beim Circus Krone zu beobachten ist.

Es folgt eine wahre Reglementierungswut des NS-Staats. Unter anderem wird es verboten, sich nach einem ausländischen Künstler zu benennen. Bereits bestehende ausländische Künstlernamen müssen nachträglich genehmigt werden. Englisch klingende Künstlernamen, von denen es im Circus Krone etliche gibt, sind also neuerdings unzulässig.

Juden erhalten Berufsverbot, im Nazi-Jargon heißt das: »Verbot der Teilnahme von Juden an Darbietungen der deutschen Kultur«. Eine weitere Regelung lautet: »Verbot des Auftretens von Negern und Negermischlingen«.

Der »Musik-Erlass« des Propagandaministers schreibt vor, dass »Swingmusiken« sowie »artfremde Musik, soweit sie von Juden oder Negern stammt«, verboten werden.

All diese Maßnahmen schränken den Zirkusbetrieb natürlich ein – die großen deutschen Zirkusse bieten trotzdem ein breit gefächertes Programm an. Kritisch sieht das der Katalog zur Ausstellung ***Circus. Freiheit. Gleichschaltung***: »Die Einschränkungen in der Circuskunst führten zu einer Vereinheitlichung der Darbietungen. Dieses hatte das Herabsinken des künstlerischen Niveaus des deutschen Circus zur Folge und wurde dadurch verstärkt, dass viele Artisten aus Angst vor dem NS-Regime von Auslandsgastspielen nicht nach Deutschland zurückkehrten.« (Siehe auch Stichwort 11 zu Max Beckmann)

KILOMETER ÜBER KILOMETER

Aufschluss über die Aktivitäten des Circus Krone in den 1930er-Jahren gibt die Unternehmensbroschüre ***Krone, der Circus, den die ganze Welt kennt*** aus 1941/42. Hier fallen besonders die vielen Reisen ins Auge: »54 862 Kilometer zieht Carl Krone mit Menschen und Tieren und Wagen von 1931 bis 1941 durch Europa.« Im Jahr 1936 klebt Krone 141 550 Quadratmeter Plakate. Für Löhne und Gehälter gibt der Zirkus in diesem Jahr knapp 600 000 Reichsmark aus, für Reklame, Presse und Plakate 136 160 RM.

Knapp 600 000 RM an Gehältern im Jahr 1936 – das scheint glaubhaft angesichts eines Fotos, das aus dem Jahr 1935 stammt. Es zeigt das gesamte Krone-Personal auf der Zuschauertribüne eines Sportstadions: Schätzungsweise 500

Zebras ziehen den Landauer mit Carl, Ida und Frieda Krone – ein Foto aus dem Jahr 1931. Foto: Krone-Archiv

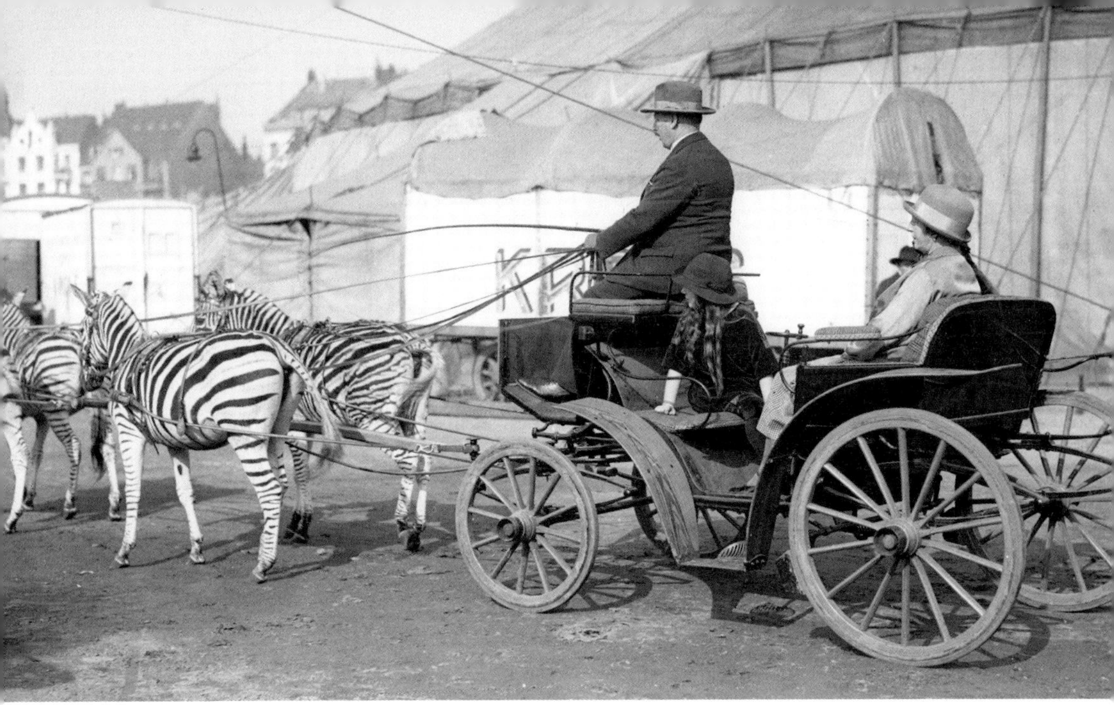

Personen schauen in die Kamera. Im Vordergrund erkennt der Betrachter vier Dirigenten und 75 Musiker mit ihren Instrumenten –Violinen, Tuba, Trompete, Kontrabass, Pauken, Trommeln. Dahinter stehen aufgereiht: Artisten, Clowns (ein Weißclown ist zu erkennen, der elegante Partner des tapsigen dummen August), vier Köche und eine riesige Schar von weiteren Mitarbeitern in Zirkus-Livree. Die letzte Reihe bilden Verwaltungsangestellte im Anzug.

TREUES MÜNCHNER PUBLIKUM

Trotz enormer Kosten und wechselnden Erfolgs beendet Circus Krone die 1930er-Jahre finanziell noch relativ erfolgreich.

Im Münchner Spruchkammerverfahren 1947 erklärt Ida Krone: »Die Einnahmen waren nach 1933 nicht mehr so groß wie vorher.« Der für Krone zuständige Münchner Finanzbeamte Josef Harländer betont, dass das Unternehmen 1933 in »große Schwierigkeiten« gerät. 1937/38 habe sich die Situation aber beruhigt. Zu verdanken sei dies dem Münchner Publikum: Die Zuschauer seien in den Zirkus geströmt.

Nicht nur in München wird Krone in den 1930er-Jahren gefeiert, auch in anderen deutschen Städten ist das Zirkusunternehmen ein Publikumsmagnet. Als Beispiel kann Frankfurt an der Oder dienen, wo Krone in diesen Jahren wiederholt seine Zelte aufschlägt. Zu Beginn des Gastspiels vom August 1937 gibt es einen Festzug von mehr als einem Kilometer Länge, über den auch die ***Frankfurter Oder-Zeitung*** berichtet: »In allen Straßen sammelten sich die Passanten und bestaunten die herrlichen Pferde aller Farben, die vielen niedlichen Ponys, die Kamele, Dromedare, Lamas, Zebus und andere exotische Tiere. Größtes Aufsehen erregten natürlich die riesigen Elefanten, die sich seltsam genug im Straßenbild ausnahmen. Dann kamen zwischendurch Cowboys, Indianer, Bulgaren und andere Reiter in fremdländischen Kleidungen, ferner märchenhaft geformte Wagen, besetzt mit wunderbar kostümiertem Personal.« Der Zirkus legt sogar den Verkehr lahm: »Die Straßen der Stadt sind verstopft. Die Reichsbahndirektion Osten gibt an allen Spieltagen Sonntagskarten von allen Stationen im Umkreis von 35 Kilometern nach Frankfurt aus. Das Programm dauert drei Stunden. Ohne Pause.« Zum Abschluss heißt es: »Carl Krone jun. kommt mit neun Elefanten ins Chapiteau.« Die Reporter bescheinigen Krone ein weltstädtisches Programm, das auch den verwöhnten Kenner befriedige.

STICHWORT 10
GLEICHSCHALTUNG DER ZIRKUSSE

Noch bevor die Nationalsozialisten am 2. Mai 1933 in ganz Deutschland die Gewerkschaftshäuser stürmen und die Gewerkschaften verboten werden, überfallen am 4. April 1933 bewaffnete SA-Leute das Berliner Büro der Internationalen Artistenloge (IAL), um deren Vertreter abzusetzen. IAL-Funktionäre hatten sich kritisch über die NS-Politik geäußert. Drahtzieher des Überfalls ist die Nationalsozialistische Betriebszellenorganisation (NSBO), die 1931 rund 300000 Mitglieder hat. Die Freien und Christlichen Gewerkschaften haben 5000000! Bei den Betriebsrätewahlen vom März 1933 erreicht die NSBO nur 11,7 Prozent, trotzdem reißt sie die Macht an sich: sowohl beim Circus-Direktoren-Verband als auch in der Artistenloge. Am 1. September 1933 wird die IAL als Fachverband in die Reichsfachschaft Artistik eingegliedert. Diese Fachschaft ist eine von sieben, die alle der Reichstheaterkammer unterstehen. Weitere Fachschaften sind u. a. die für Bühne, Tanz, Oper oder Schausteller. Die Reichstheaterkammer untersteht wiederum der Reichskulturkammer, die von Propagandaminister Joseph Goebbels geleitet wird und u. a. die Aufgabe hat, »die deutsche Kultur in Verantwortung für Volk und Reich zu fördern«. Die Zugehörigkeit zu einer Kammer ist Voraussetzung dafür, den Beruf auszuüben. Weitere Kriterien sind »politische Zuverlässigkeit« und »arische Abstammung«. Aus der IAL geht im Dezember 1933 der Berufsverband deutscher Artisten (BDA) hervor. Zirkusdirektoren, die sich »ohne weiteres gleichschalten« lassen (so der Zirkushistoriker Kusnezow), müssen ihre Eignung als Betriebsführer unter Beweis stellen. Im Februar 1934 wird der Reichsverband der deutschen Artisten (RDA) zugelassen, zu dem BDA und der Direktoren-Verband gehören.

STICHWORT 11
MAX BECKMANN UND CIRCUS KRONE

Circus Krone geht 1930 in die Kunstgeschichte ein, und zwar durch den Maler Max Beckmann (1884–1950). Beckmann ist nicht der erste Künstler der Moderne, der sich vom Zirkus beeinflussen lässt – zu erwähnen wären Henri de Toulouse-Lautrec oder Edgar Degas. Beckmann ist zeit seines Lebens ein begeisterter Zirkusgänger und macht bereits im Alter von 15 Jahren Skizzen vom Circus Busch.

1927 besucht er ein Gastspiel von Krone in Frankfurt. Star des Abends ist der Dompteur Togare, seinerzeit eine Berühmtheit. Beckmann hält ihn in dem Bild ***Der Löwenbändiger*** fest. Es zeigt Togare, der einen aufrecht stehenden Löwen mit einer Hellebarde bändigt. Hinter den Füßen von Togare liegt ein weiterer Löwe. Der Dompteur tritt mit bloßem Oberkörper auf, trägt eine gelbe, orientalisch anmutende Pluderhose und ein Stirnband. Das Kostüm ist inspiriert von dem Film ***Der Barbier von Bagdad*** (1924).

Die Kunsthistorikerin Christiane Zeiller schreibt über das Beckmann-Bild: »Der Künstler sah sich 1930 mit einer bedrohlich werdenden politischen Situation konfrontiert, hier verkörpert durch die beiden Raubtiere. Ein Gitter, hinter dem sich Finsternis auftut, schließt das Bild nach hinten ab und kündet von der Ausweglosigkeit seiner Situation als Künstler zu Beginn der Repressalien durch die Nationalsozialisten.«

Das Gemälde ist jahrzehntelang verschollen. Es taucht erst 2011 wieder auf, als der Gurlitt-Fundus entdeckt wird. Ein alter Mann, der Sohn des für die Nazis aktiven Kunsthändlers Hildebrand Gurlitt, hat den Beckmann sowie 121 gerahmte und 1 285 ungerahmte Kunstwerke aus dem Nachlass seines Vaters gehortet.

Im Auktionshaus Lempertz wird der Beckmann versteigert – mit 300 000 Euro wird er aufgerufen, der Zuschlag erfolgt bei 720 000 Euro.

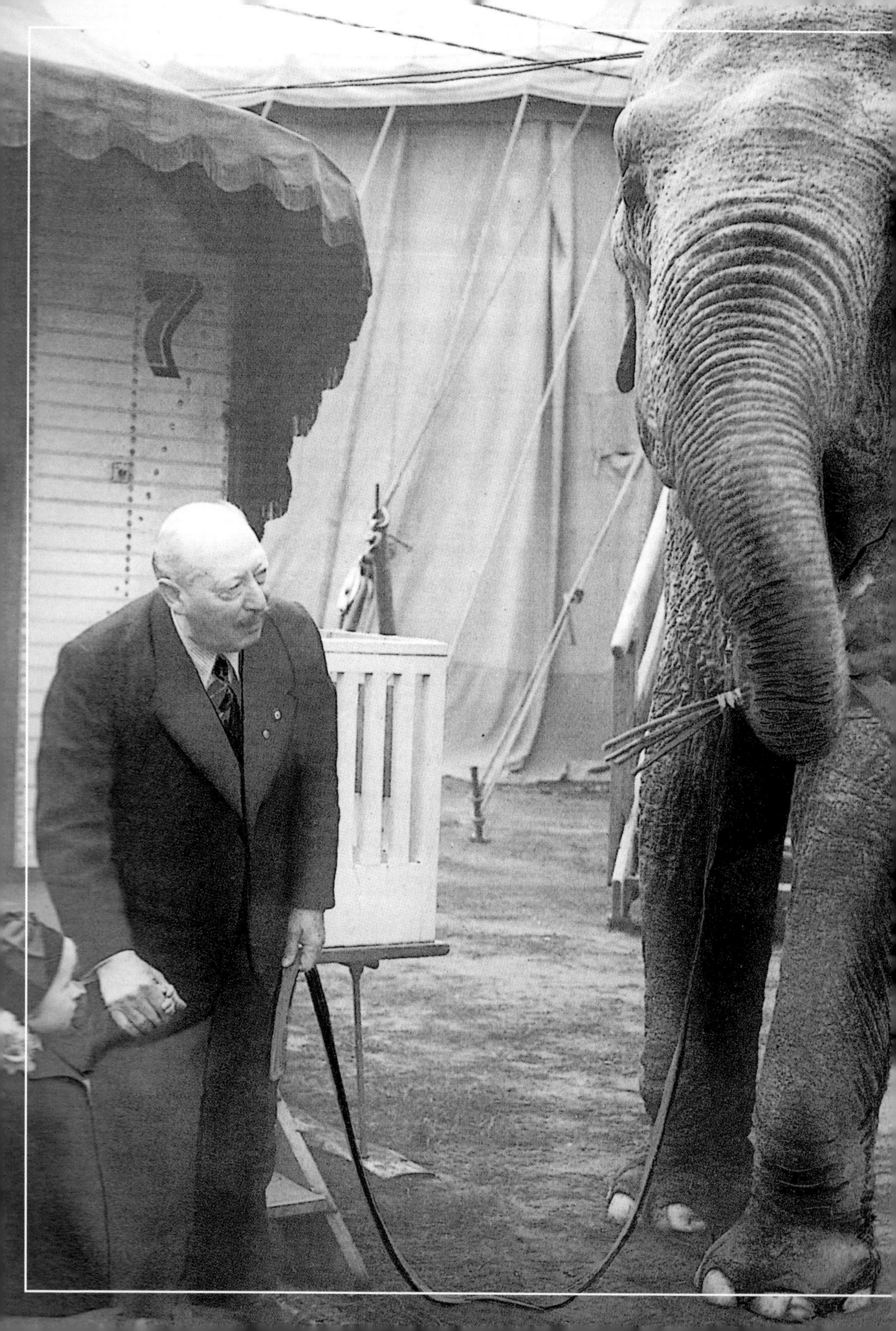
7

KAPITEL 6

NOCH EINMAL DAVONGEKOMMEN (DER ZWEITE WELTKRIEG UND DIE ERSTE NACHKRIEGSZEIT)

Der Zweite Weltkrieg wütet. Wer Jude ist, findet kaum noch medizinische Versorgung und sieht sich einer immer schärferen Verfolgung und Entrechtung ausgesetzt, die den Holocaust vorbereiten. Die Sorge vieler Menschen gilt den Angehörigen an der Front. Nahrungsmittel und Kleidung sind rationiert, das Alltagsleben wird mit jedem Jahr beschwerlicher. Ab 1942 warnen in den Großstädten immer häufiger die Sirenen vor Luftangriffen, Nächte in Kellern und Luftschutzräumen zehren an den Nerven.

Dennoch lautet Krones Devise: »The Show must go on«. Bekannt ist, dass Unternehmen wie Krone oder Sarrasani bei Auslandsgastspielen und an der sogenannten »Heimatfront« auftreten. Sarrasani präsentiert schon mal die Hakenkreuz-Fahne in einer Zirkusparade in Südamerika, Fahnen mit dem Hitler-Konterfei gab es auch im Krone-Zelt. An der »Heimatfront« galt für alle Zirkusunternehmen, das Volk zu unterhalten und abzulenken. Dazu heißt es in dem gleichgeschalteten Organ ***Die Deutsche Artistik*** vom 17. September 1939: »Mehr als sonst in ruhigen Zeiten gilt es dem schwer arbeitenden Volk Entspannung, Frohsinn und Freude zu bieten, um ihm das Durchhalten zu erleichtern«. Vor allem Sarrasani macht nach seiner Auslandstournee in Deutschland Propaganda für die Nationalsozialisten. »Dagegen übten Krone und Hagenbeck und namentlich Paula Busch in der Öffentlichkeit augenscheinlich mehr Zurückhaltung, ohne sich etwa außerhalb des Gleichschritts zu bewegen«, so die Zirkushistoriker Günther und Winkler.

Elefantin Assam gratuliert Carl Krone zum 70. Geburtstag. Foto: Krone-Archiv

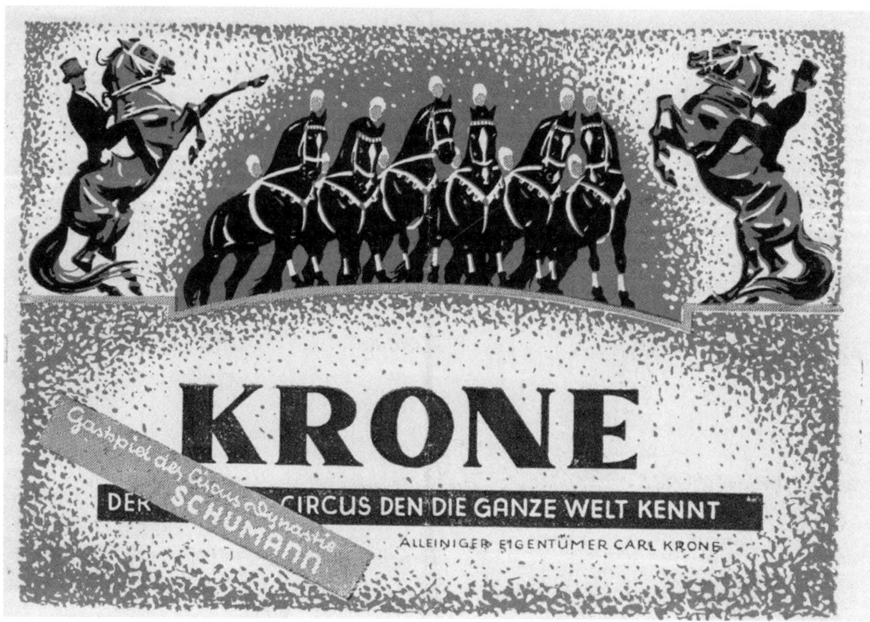

The Show must go on: das Winterprogramm 1942, mitten im 2. Weltkrieg. Foto: Archiv Enzinger

Am 1. Dezember 1944 heißt es bei Krone: »Trotz aller Erschwernisse durch Krieg und Bombenterror hat unser Circus Krone ein prächtiges neues Programm aufgestellt, das als Weihnachts-Zirkus-Bilderbogen Jung und Alt erfreut und von der Kritik hohes Lob erhält.«

Zwei Wochen später erlebt München schwerste Luftangriffe. Am späten Abend des 17. Dezember fallen u.a. 75000 Brandbomben auf die Münchner Innenstadt. 562 Münchner sterben, knapp 50000 Menschen werden obdachlos. Eberhard Plath, der Pressechef bei Krone, berichtet in einem Telegramm: »Circus total ausgebombt stop kein Tier- und Menschenschaden«. Am nächsten Tag ordnet das Landwirtschaftsministerium für die Haushalte an: nur noch von 6 bis 9 Uhr und von 18 bis 21 Uhr Gas. Kohle muss gespart werden. Am 7. Januar 1945 folgt eine weitere Bombennacht: Dieses Mal sterben 505 Münchner und die Hallen des Circus Krone brennen nieder.

Zur Hebung der Moral erhält die Münchner Bevölkerung nach dem Fliegerangriff Sonderzuteilungen: 150 Gramm Fleisch, 950 Gramm Brot, 90 Gramm Butter und zehn Zigaretten pro Kopf. An einen Zirkusbesuch ist vorerst gar nicht zu denken, die Münchner haben ganz andere Sorgen.

Der Festbau an der Marsstraße ist bis auf die Grundmauern heruntergebrannt, die Krone-Villa daneben ist beschädigt. Familie Krone sucht Zuflucht in Weßling in der Nähe des Ammersees. Dort, 26 Kilometer entfernt von der Münchner Stadtmitte in südwestlicher Richtung gelegen, hat die Familie schon seit Jahren einen Landsitz. Zirkusdirektor Krone (siehe auch Stichwort 12: Carl und Ida Krone) kauft 1937 die »Krone-Farm« mit zwölf Hektar Land, errichtet ein Stallgebäude und ein stattliches Wohnhaus. Auf dem Areal soll ein Gestüt mit Haflingern entstehen.

Die Fliegerangriffe auf München führen dazu, dass immer mehr Tiere nach Weßling gebracht werden, auch immer mehr Zirkusmitarbeiter verlassen die Landeshauptstadt. Auf den oberbayerischen Wiesen grasen jetzt edle Pferde, Ponys, Kamele, Dromedare, Watussi-Rinder, Zebras, Yaks und Giraffen.

»Es war, als hätte Noah seine Arche auf diesem friedlichen Flecken Erde ausgeladen«, erinnert sich eine Dorfbewohnerin. Im angrenzenden Wald werden Raubtierwagen aufgestellt für Tiger, Löwen und Bären. Nur die Elefanten fehlen, sie kommen nach Bad Reichenhall und finden ein neues Domizil in der dortigen Sudhaus-Reithalle.

Krone ist noch einmal davongekommen – dabei hinterlassen schon die ersten Jahre des Zweiten Weltkriegs deutliche Spuren bei deutschen Zirkussen. Die Programmgestaltung wird immer schwieriger, der Futtermangel verschärft sich, das Niveau der Darbietungen sinkt. Etliche deutsche Unternehmen geben auf. Ab Herbst 1944 wird auch die »Truppenbetreuung« durch Zirkusartisten eingestellt. Krone kann sich all diesen Entwicklungen lange Zeit widersetzen, hat 1943 ein finanziell erfolgreiches Jahr und muss erst 1944 schwere Verluste hinnehmen. Die Belegschaft bei Krone schrumpft – es sind nur noch »ein paar Dutzende«, so Frieda Krone. 1942 gibt es eine Sommertournee, die Winterspielzeit 1942/43 ist die letzte im angestammten Münchner Festbau.

RUHE BEWAHREN BEI FLIEGERALARM!

Die Programme, abgedruckt auf kleinen, schmucklosen Zetteln, umfassen gerade mal 16 Nummern. Da heißt es: »Bei Fliegeralarm Ruhe bewahren. Luftschutzräume Wittelsbacher Gymnasium und Augustinerkeller«. Frieda Sembach-Krone schreibt: »Fast jede Vorstellung wurde durch Fliegeralarm unterbrochen.« 1942/43 ist auf den Programmzetteln immer wieder folgender Hinweis zu finden: »Vermeiden Sie jede nicht unbedingt notwendige Reise. Besonders am Wochenende, Festtagen, Ostern und Pfingsten. Alle Betriebsmittel der Deutschen Reichsbahn müssen der siegreichen Beendigung des Krieges dienen.«

Inmitten von Fliegeralarm und anderen Kriegswirren geht bei Krone der Unterricht weiter, und zwar in der Elefantenschule von Bernhard Grzimek. Der ist zu dieser Zeit Tierlehrer und wird erst später Direktor des Frankfurter Zoos und Fernsehstar mit seiner eigenen Sendung.

Im Jahr 1943 probt Grzimek mit Moni, Betja, Menne und Loni, alle vier sind Elefantendamen im Alter von gut 50 Jahren. Sie sollen lernen, mit dem Rüssel den Deckel einer schweren Holzkiste aufzuklappen. Vor den Augen der Tiere versteckt Grzimek Futterbrot in einer Kiste – doch die Elefanten zeigen sich nicht gerade als gelehrige Schülerinnen. Sie merken sich nur schlecht, wo das Brot versteckt ist. Bernd Grzimek erinnert sich in seinem Buch ***Elefantenschule***: »Der alte Direktor Krone, einer der erfolgreichsten Elefantendompteure, die je in der Manege gestanden haben, kommt leise in die Versuchshalle und sieht zu. Er schüttelt den Kopf und ist enttäuscht, daß seine Lieblinge diese scheinbar so einfache ›Schulaufgabe‹ nicht lösen können.«

Im Sommer 1943 geht es nach dem Salzburg-Aufenthalt, bei dem Carl Krone jun. stirbt (siehe auch Stichwort 1: Das Mausoleum), noch nach Regensburg und Leipzig. Damit beendet der Zirkus seine Gastspiele im Zelt und kehrt nach München beziehungsweise nach Weßling zurück. Christel Sembach-Krone, die Enkelin von Carl Krone, besucht drei Jahre lang die Grundschule in Weßling.

DIE AMERIKANER ÜBERNEHMEN

Am Montag, dem 30. April 1945 ist München von den Nationalsozialisten befreit. Um 16.05 Uhr wird die Stadt offiziell an die Amerikaner übergeben. Der Bombenkrieg hat 90 Prozent der Altstadt zerstört. 300 000 Münchner sind obdachlos, 81 500 Wohnungen liegen ganz oder teilweise in Schutt und Asche. Karl Scharnagl, der bereits vor 1933 Oberbürgermeister war, wird von der Militärregierung erneut mit diesem Amt betraut.

Carl Sembach (siehe auch Stichwort 13: Frieda Krone und Carl Sembach) fährt gleich nach Kriegsende von Weßling nach München, zuerst mit dem Fahrrad, dann im Zweispänner, und räumt in der Marsstraße auf. Der Zirkus muss wieder aufgebaut werden.

Es fehlt an allem: Es gibt keine Bretter, keine Nägel, keine Dachpappe. Dafür findet sich bei einem Händler ein ganzer

Der Circus-Bau ist zerstört – die Krone-Villa steht, ein Zeitzeugnis vom April 1945. Foto: Krone-Archiv

Wagen voller Schrauben und Muttern. Unter der Leitung des Zimmermeisters Anton Goldes wird ein hölzerner Rundbau errichtet, die Grundfläche misst gut 1 000 Quadratmeter, Platz ist für 1 800 Zuschauer.

Bereits am 25. Dezember 1945 wird – im Beisein von OB Scharnagl – das neue Stammhaus eröffnet: Zwölf Araberschimmel reiten in die Manege ein, Frieda Sembach-Krone präsentiert die Elefanten, Braunbären fahren Motorrad.

Die Elefanten von Bad Reichenhall haben ihren ersten Auftritt im Nachkriegsdeutschland bereits am 11. November 1945 in Garmisch-Partenkirchen: Zum 70. Geburtstag des Vier-Sterne-Generals Georg Smith Patton geben sie eine Vorstellung im Olympia-Eisstadion. Zur Belohnung erhalten sie Heu, Stroh, Hafer und einen halben Wagen voller alter Semmeln.

Zirkusauftritte vor US-Soldaten – in minimaler Besetzung – sichern der Familie Krone Zuschüsse zum täglichen Leben. Prominenten Besuch aus den USA hat Krone im Januar 1946: Walt Disney, der legendäre Regisseur und Schöpfer von Mickey Mouse, ist auf der Suche nach neuen Figuren für einen Zeichentrickfilm. Er will sich bei Circus Krone von den Raubtieren inspirieren lassen. Die ***Süddeutsche Zeitung*** vom 22. Januar 1946 zitiert Walt Disney mit den Worten, die wilden Tiere »werden demnächst Hauptdarsteller in einer meiner neuesten Schöpfungen

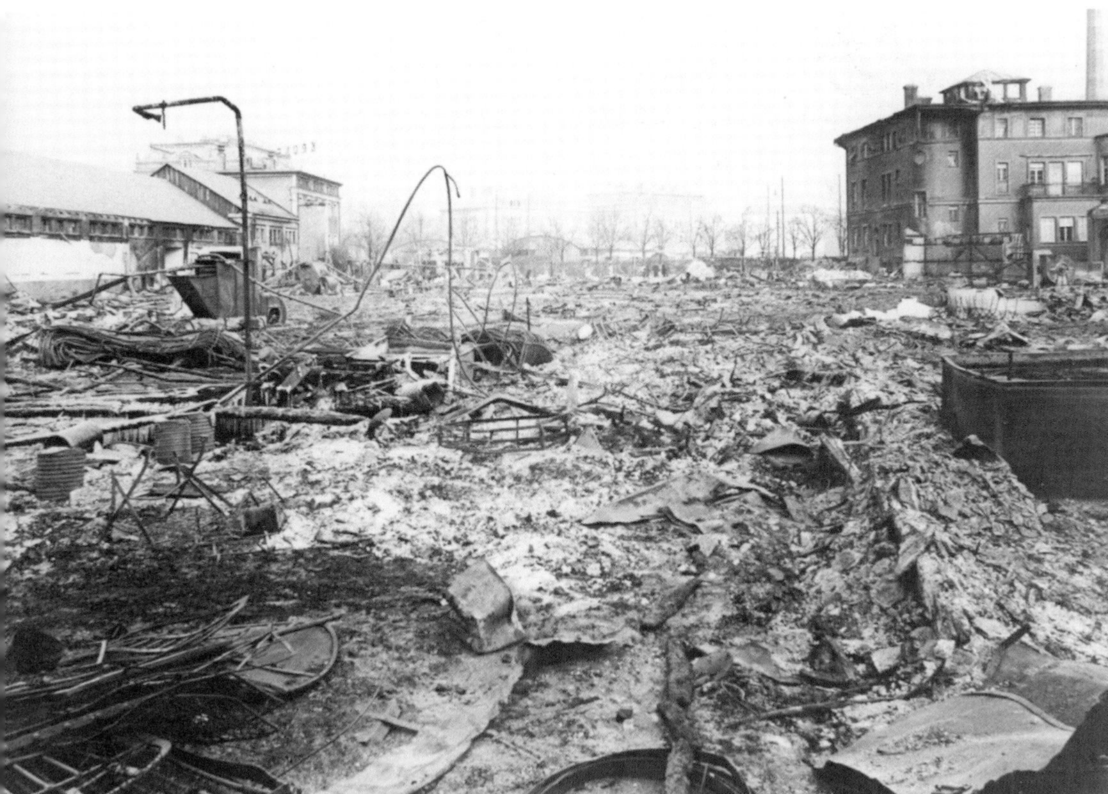

sein«. Das berühmteste Raubtier von Walt Disney ist Shir Khan, der Tiger aus dem Klassiker ***Das Dschungelbuch***, der freilich erst Jahre später fertiggestellt wird. Möglicherweise hat er sein Vorbild in einem von Krones Tigern.

»Herzdame im Roten Ring« heißt das neue Krone-Programm vom Februar 1946, das vorerst auch das letzte unter alter Regie ist. Im März 1946 wird der Auftritt zweisprachig. Da ist Ida Krone zwar noch »Owner« des Zirkus, sie hat die Lizenz-Nr. 1076 von der US-Militärregierung erhalten, doch die bzw. deren Property Control übernimmt das Ruder. Vorausgegangen ist im März 1946 die Münchner Tagung der Ministerpräsidenten der US-Zone (also Bayern, Baden-Württemberg und Hessen). Sie unterzeichnen das Gesetz Nr. 104, das Gesetz zur Befreiung von Nationalsozialismus und Militarismus. Es bestimmt die Registrierung aller früheren Mitglieder der NSDAP (also auch des 1943 verstorbenen Carl Krone) und setzt für die Einstufung der betroffenen Personen fünf Gruppen fest: I. Hauptschuldige, II. Belastete, III. Minderbelastete, IV. Mitläufer und V. Entlastete.

Für diese Entnazifizierung sind Spruchkammern zuständig, die aus einem Vorsitzenden und mindestens zwei Beisitzern bestehen. Der Aufbau des Spruchkammerapparats geht nur sehr schleppend voran, in erster Linie werden die Verfahren von den inzwischen zugelassenen Parteien getragen. Mehr als die Hälfte der Spruchkammerverfahren endet mit einer Einstufung als Mitläufer oder Entlasteter. Über ein Drittel der Verfahren wird eingestellt.

KRONES SPRUCHKAMMERVERFAHREN

Der Eintritt in die NSDAP im Jahr 1932 und die vielfache Vermietung des Krone-Baus an die Nationalsozialisten – diese beiden Faktoren werden von den US-Behörden im Spruchkammerverfahren 1947/48 äußerst kritisch gesehen. Nicht gerade zur Entlastung Krones trägt bei, dass ein Dankesschreiben (es liegt im Münchner Staatsarchiv) des NS-Innenministers Wilhelm Frick vom 11. Mai 1933 auftaucht. Es hebt die Vermietung des Krone-Baus besonders hervor. »Die Leitung des Zirkus hat sich damit um die Bewegung Verdienste erworben, die es den Parteistellen zur Pflicht machen, den Zirkus ihrerseits zu unterstützen.«

Kritisch werden auch die beiden pompösen Trauerfeiern für Carl Krone gesehen. Die erste Zeremonie in Salzburg 1943 war bereits sehr aufwendig, bei einer weiteren Trauerfeier auf dem Münchner Waldfriedhof wurden dann sogar Kränze von Hitler und Propagandaminister Goebbels niedergelegt (siehe auch Stichwort 1: Das Mausoleum).

Auf der anderen Seite sagen Dutzende von Entlastungszeugen im Spruchkammerverfahren aus, dass Carl Krone mitnichten ein Nazi gewesen sei. Krone hat – im Gegensatz zu anderen Unternehmen – auch nie Zwangsarbeiter beschäftigt. Im Februar 1948 wird das Verfahren gegen ihn eingestellt (siehe auch Kapitel 5). Das ist kein ungewöhnlicher Vorgang in dieser Zeit, bei Tausenden anderen NSDAP-Mitgliedern verfährt man ebenso. Das Interesse an der Aufklärung über die Nazi-Zeit geht in Deutschland zurück, es war ohnehin sehr unterschiedlich ausgeprägt. Bis heute gibt es noch große Defizite bei der Aufarbeitung des Themas »Zirkusse im Nationalsozialismus«.

DIE KRONES MÜSSEN RÄUMEN

Noch vor dem Gesetz Nr. 104 zur Befreiung von Nationalsozialismus und Militarismus tritt das Gesetz Nr. 52 vom 14. Juli 1945 in Kraft. Es greift in die Wirtschaft ein, denn nun kann das Vermögen politisch belasteter Personen unter die Kontrolle von Treuhändern gestellt werden. Dies öffnet Missbräuchen Tür und Tor, ist aber nicht der erwartete bzw. befürchtete Schritt zu einer allgemeinen Verstaatlichung. Für die Vermögenskontrolle ist die Property-Control-Abteilung der Militärregierung zuständig, die auch bei Circus Krone aktiv wird.

Dazu heißt es bei Frieda Krone: »Erste Maßnahmen der amerikanischen Militärregierung: Die Krones haben innerhalb von 24 Stunden ihren Circus und ihre gerade notdürftig ausgebesserte Villa zu verlassen.« Nur persönliche Sachen können mitgenommen werden und zwei Wohnwagen. Der Zirkus und das persönliche Vermögen der Krones sind beschlagnahmt. Die Familie darf ihr Eigentum nicht mehr betreten, Ida Krone wird im Juli 1946 letztmals im Programmheft als Eigentümerin genannt.

Hintergrund dieser Maßnahmen: Die Information Control Division (ICD) der Amerikaner hat die Lizenz für Ida Krone am 27. März widerrufen, die US-Behörde schlägt außerdem vor, dass der Name Circus Krone geändert werden solle. Die ICD ist eine Propaganda- und Zensurabteilung in der US-Besatzungszone und kontrolliert die Bereiche Radio, Presse, Film, Musik und Theater.

Eine Abteilung ist die Intelligence Branch, auf deren Initiative hin Ida Krone die Lizenz entzogen wird. Die ICD hat eine »schwarze Liste«, auf der unter anderem der legendäre Dirigent Wilhelm Furtwängler steht (1945 erhält der Künstler von den US-Behörden zunächst Dirigierverbot). Auch von den Nazis missbrauchte Werke der Klassik werden hier aufgeführt, etwa der Trauermarsch aus Richard Wagners Oper ***Die Götterdämmerung.***

Kommissarischer Direktor des Circus Krone wird Helmut R. Büttner. Aus der Akte des Spruchkammerverfahrens geht hervor, dass Büttner Jude ist und mehrere Jahre im KZ war. Im September 1946 folgt auf Büttner Oskar Hoppe, der 1937 Geschäftsführer beim Circus Geschwister Althoff war und Präsident des Internationalen Circus-Direktorenverbands in Stuttgart ist.

Während Hoppe die Geschicke des Circus Krone leitet, zieht sich das Münchner Spruchkammerverfahren hin, das nun auch Carl Sembach im Visier hat. Der ist 1937 in die NSDAP eingetreten.

Im Verfahren gegen Carl Krone ergehen zwei Urteile, das erste stammt vom 10. Mai 1947, das zweite vom 26. Februar 1948. Mit dem zweiten Spruch wird das Verfahren eingestellt, die Kosten des Verfahrens trägt die Staatskasse. Der Streitwert liegt bei 1,5 Millionen Reichsmark. Im ersten Urteil vom 10. Mai 1947 war noch die Rede davon, dass der »Betroffene die Partei außerordentlich unterstützt« habe. Zeugenaussagen hätten jedoch, so die Begründung des zweiten Urteils, ergeben, dass »diese Behauptung in keiner Weise aufrechterhalten werden« könne. »Hiernach war das Verfahren einzustellen …«, heißt es.

Zu den entlastenden Zeugen im Spruchkammerverfahren zählt auch der Dompteur Carl Lichtenthal (siehe auch Stichwort 15), der vor Gericht u. a. erklärt: »Ich war 26 Jahre bei Krone tätig. 1937 musste ich aus rassistischen Gründen Deutschland verlassen. Krone hätte mich noch gern länger behalten, aber er konnte mich nicht mehr schützen, da ich Jude bin. Krone war kein Judenfeind.« An anderer Stelle sagt Lichtenthal: »Herr und Frau Krone haben nach der Machtergreifung durch die NSDAP ihr Möglichstes getan, mich sowie andere Juden in ihrem Dienst behalten zu können, was ihnen noch bis März 1937 geglückt ist. Danach bin ich erst nach Holland und später nach Belgien emigriert, wo ich mich während des Krieges versteckt habe.« Lichtenthal konnte beim Circus Straßburger untertauchen.

WÄHRUNGSREFORM: 40 MARK FÜR JEDEN

Im Februar 1948 ist das Verfahren gegen Krone also endgültig eingestellt – Ida Krone erhält die Lizenz zurück und ist alleinige Besitzerin des Unternehmens. Es ist dennoch ein Neuanfang unter schlechten Vorzeichen: Im April 1948 müssen die städtischen Bühnen, die Münchner Kammerspiele an der Maximilianstraße, wegen Hungerausfällen im Ensemble schließen.

Im Mai demonstrieren vor der Feldherrnhalle etwa 10 000 Hausfrauen mit Transparenten wie »Wir wollen Brot!«. Der regnerische Sonntag des 20. Juni 1948 ist der Stichtag für die »Währungsreform«: Einzelpersonen bzw. Haushaltsvorstände erhalten in den westdeutschen Zonen 40 DM pro Kopf.

Diese 40 DM erlauben nicht gerade den Luxus eines Zirkusbesuchs. Frieda Sembach-Krone klagt: »Kaum einer aus dem sonst so circustreuen Münchner Publikum ist bereit, auch nur eine Mark aus der gerade erhaltenen Kopfquote für eine Circusbesuch zu opfern. Der neue Circusbau bleibt gähnend leer. Die Lage ist zum Verzweifeln.« Ähnlich äußert sie sich in einem Gastbeitrag für den *SPIEGEL* vom Sommer 1948: »Der Krieg und seine Folgen rissen dem Zirkus tiefe Wunden, die der Wiederaufbau nur zögernd heilt. Aber die Stallungen und der massive Zirkusbau am Stammsitz München haben wieder feste Dächer, die 5 000 verfaulten Sitze um die Manege sind erneuert, und auf dem Parkplatz leuchten frisch gestrichen die weißblauen Krone-Wagen, bereit zur ersten Gastspielreise nach dem Kriege. Freilich fehlen dazu noch die Bremsklötze und Sperrketten. Aber es fehlt noch mehr, was beschafft werden muß. Der Tierbestand hat seine Repräsentationskraft nicht eingebüßt. Die Elefanten sind wohlbehalten aus ihren kriegsbedingten Notquartieren [...] zurückgekehrt.«

Nicht nur Sperrketten und Bremsklötze bereiten Frieda Krone im Sommer 1948 Probleme. Es ist schwierig, noch Artisten zu finden, die den Ansprüchen der Krones gerecht werden. Viele Artisten sind in Gefangenschaft. Andere konnten zwar zurückkehren, sind aber durch Verletzungen, Mangelernährung oder zerrüttete Nerven außerstande zu arbeiten. »Gute Jockeys gibt es kaum mehr, weil die Ernährung die erforderliche Konzentration für diesen gefährlichen Beruf nicht gewährleistet. Dazu kommen die schwierigen Transportmöglichkeiten für die kostbaren Pferde und der Futtermangel. Artisten leiden überhaupt mit am meisten unter den Mangelerscheinungen der Zeit. Nur selten erhalten sie auf der Bahn Schlafwagen und müssen übermüdet vom Zug oft gleich in die Manege. Nur mit Mühe bekommen sie in den Gastspielstädten eine Unterkunft. Das alles halten die überbeanspruchten Nerven nicht aus. Besonders entbehrt sind die erstklassigen Clowns. Es waren in der Regel Italiener oder Spanier. Mit deutscher Währung ist ihnen nicht gedient, und außerdem scheuen sie die Ernährungsschwierigkeiten. Und der Artist, der körperlich stark beansprucht ist, muß unter allen Umständen gut und reichhaltig essen. Diese kleinen, fast unscheinbaren Lebensbedingungen des Alltags sind mit die

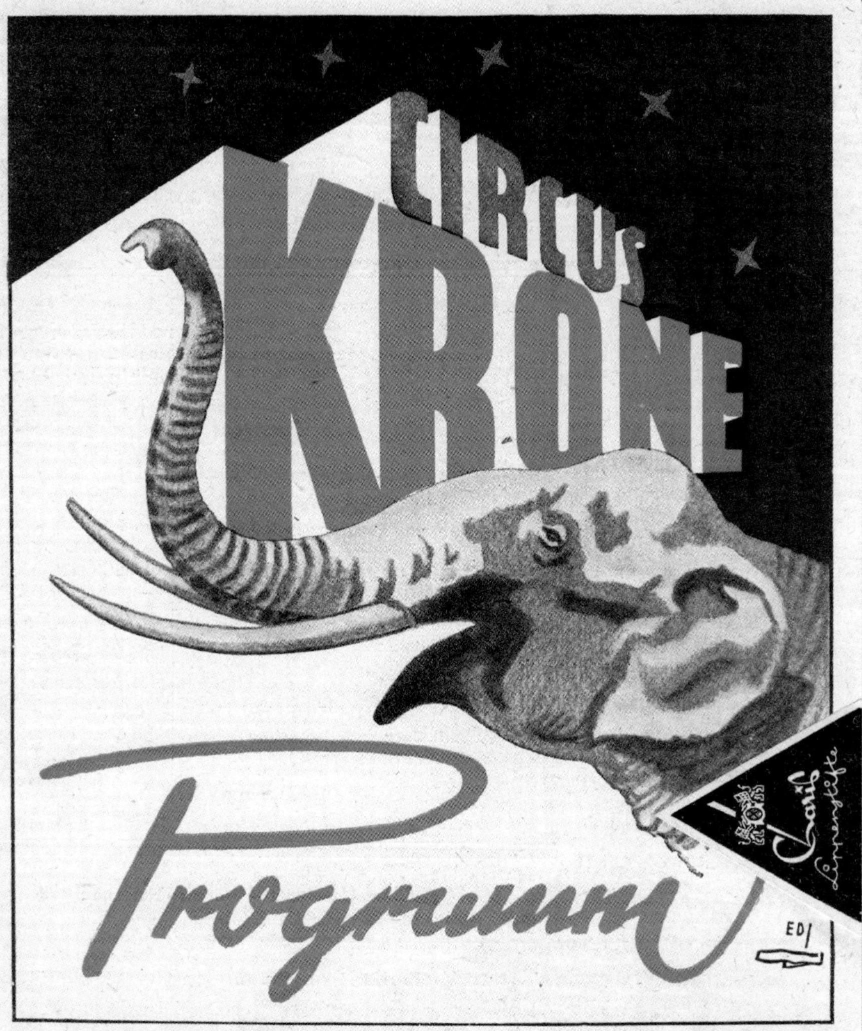
CIRCUS
KRONE
Programm
EDI

Ein Winterprogramm aus dem Jahr 1948, kurz nach der Währungsreform. Foto: Archiv Enzinger

größten Feinde des Zirkusunternehmers und seiner unstreitbar kulturell wertvollen Aufgabe.«

Frieda Krones *SPIEGEL*-Beitrag endet dennoch hoffnungsvoll: »Unter diesen fast untragbaren Erschwernissen alle Monate ein vollständig neues Programm zusammenzustellen, ist ein nachtruheraubendes Problem, das mit jedem Monatsersten frisch ersteht, ein direktorales Bravourstück, von dem niemand etwas ahnt. Mindestens zwei bis drei Tiernummern gehören bei uns immer dazu, die einstudiert werden müssen. Der Ansporn ist umso größer, als sich auch das Ausland wieder für uns zu interessieren beginnt.«

MÜNCHEN SPIELT AUF

Frieda Sembach-Krone spürt Aufbruchstimmung – und die gibt es in München nach der Währungsreform vom Juni 1948 wirklich. So soll Ende September – nach zehnjähriger Pause – wieder das Oktoberfest stattfinden. Die Zirkusdirektorin hat den richtigen Riecher und meldet ihr Unternehmen bei der Marktverwaltung an – und zwar nicht als Zirkus, sondern als Menagerie.

Der Bestand an Tieren ist bei Krone noch immer beachtlich: Es gibt einen Elefanten, ein Nilpferd, Büffel, Lamas, Dromedare, indische Rinder, Zebus und Raubtiere. Für Kinder wird Esel- und Ponyreiten angeboten. Zirkuschronist August Heinrich Kober erinnert sich: »Die Münchner bevölkerten in Scharen die Tierschau des Circus Krone und brachten Geld, viel Geld, das erste verdiente Geld nach der Währungsreform.«

Der Zustrom zum Circus Krone hält jedoch nach der Wiesn nicht an. Deshalb ersinnt Frieda Sembach-Krone bald das nächste Projekt: »München spielt auf« bzw. »Bavaria strikes up«.

Sie schwärmt: »Es wurde ein enormer Publikumserfolg. 300 Mitwirkende, die Tiere nicht mitgezählt, kamen in die Manege. Aus der gesamten Umgebung wurden Blaskapellen, Jodlergruppen, Schuhplattler, Volkschöre und bayerische Tanzgruppen verpflichtet. Der Circus war wochenlang, monatelang ausverkauft. In der Krone-Manege gab es zwischen den Reiterspielen Wettkämpfe im Fingerhakeln, im Steineheben und im Schuhplatteln.« Das begeisterte Resümee der Zirkusdirektorin: »Circus Krone war so beliebt wie eh und je.«

Frieda Sembach-Krone gelingt ab 1955 der große Wurf mit ihrer Idee des »Krone-Festivals«. Der Manege wird eine Bühne mit Showtreppe hinzugefügt; die Umrandung der Manege ist aus Plexiglas, was Lichteffekte in drei Farben durch über 1 400 Glühlampen erlaubt. Ein Corps de Ballet in ständig wechselnder, prächtiger Kostümierung sorgt für die Übergänge zwischen den einzelnen Darbietungen, die zu Schaubildern zusammengefügt werden. Es ist ein völlig neuartiges, hochwertiges Zirkuserlebnis, das dem Unternehmen jahrelang ausverkaufte Häuser im In- und Ausland beschert.

ZIRKUS IM KINO

Zirkusgeschichten im Kino sind seit Jahrzehnten beliebt, erst im Jahr 1943 lief in Deutschland ***Circus Renz***, ein Kassenschlager mit René Deltgen in der Hauptrolle. Sechs Jahre später surren in der Manege von Krone die Kameras für den ersten Zirkusfilm der Nachkriegszeit. Die Bavaria Geiselgasteig dreht ***Tromba***, wieder mit René Deltgen als Raubtierdompteur, der die Krone-Tiger vorführt. Es ist letztendlich eine düstere Story: Therese Kronbeck leitet seit dem Tode ihres Mannes gewissenhaft und voller Liebe den Zirkus, den beide einst aufbauten. Von Personal und Artisten wird sie gleichermaßen verehrt und geliebt. Der berühmte Raubtierdompteur Kurt Tromba hat in diesem harmonischen Umfeld aber ein großes Problem: Er kann seine Tiger nur noch kontrollieren, wenn er Morphium genommen hat. Einst reichte dafür seine pure Suggestivkraft. Dennoch ist Trombas Nummer die Hauptattraktion des Zirkus Kronbeck. Auf Entzug gesetzt, muss der Dompteur seine Raubtiernummer vollkommen »nüchtern« bewältigen, woraufhin es prompt zur Katastrophe kommt: Tromba wirkt im entscheidenden Moment kraftlos und unsicher, was einer der Tiger augenblicklich bemerkt und als Schwäche auslegt. So greift der Bengaltiger Bombay seinen Dompteur an und zerfleischt ihn.

Dompteur-Darsteller Deltgen wird bei den Dreharbeiten in der entscheidenden Schlussszene tatsächlich von einem Tiger angefallen und muss in ein Krankenhaus eingeliefert werden. Krone-Biograf Kürschner schreibt von diesem Zwischenfall nichts in seiner Chronik, er verweist vielmehr darauf, dass Deltgen vom Krone-Dompteur Ernst Tischer (Künstlername Tromba) gedoubelt wird. ***Tromba*** entsteht im März/April 1949 in den Studios von München-Geiselgasteig sowie in der Krone-Manege. Die Berliner Premiere findet im Westen am 8. Juli 1949 statt, im Osten am 3. März 1950. In der ***ZEIT*** heißt es in einer Kritik: »Regie führte Hellmut Weiß, der für das Tempo und die nötigen dramatischen Zwischenfälle sorgte, von denen das Publikum will, daß sie beim Zirkus passieren.«

Im deutschen Unterhaltungsfilm trieft es in der ersten Nachkriegszeit vor Schmalz, der Streifen ***Salto mortale*** aus dem Jahr 1953 macht da keine Ausnahme. Wieder wird bei Krone gedreht. Gleich in der Anfangsszene laufen Elefanten durchs Bild, Circus-Krone-Wagen bilden den Hintergrund für die Spielszenen. Kinostars der 1950er-Jahre wie Gert Fröbe, Margot Hielscher, Karlheinz Böhm oder Peter Alexander erzählen die Geschichte von der Tochter eines Zirkusdirektors, die nach dessen plötzlichem Tod die große Verantwortung für das Unternehmen übernimmt. Als sie sich verliebt, drohen Rivalitäten die harmonische Gemeinschaft zu zerstören. Es geht gut aus …

1949, nach mehr als fünf Jahren, geht Krone wieder auf Reisen. Die erste Station ist Rosenheim. Zwei Güterzüge transportieren 200 Menschen und 300 Tiere. Die Tournee wird ein großer Erfolg.

Ein Jahr später treten erstmals nach dem Krieg wieder Clowns in Deutschland auf. Auch die britische Artistenorganisation erlaubt ihren Mitgliedern, in deutschen Zirkussen und Varietés zu gastieren. Der berühmteste aller Clowns kommt gleich nach München: Vom 8. bis 12. April 1950 entzückt Grock das Publikum im Circus Krone mit seinem legendären »Nit mö-ö-ö-ö-glich«.

Bald darauf ist Circus Krone wieder unterwegs – nach Italien. Weihnachten 1953 gastiert Krone in Rom. Das Jahr 1954 beginnt für Circus Krone mit einer großen Ehre: Das Unternehmen mit Ida Krone, Frieda Sembach-Krone und Carl Sembach an der Spitze samt 400 Krone-Mitarbeitern wird von Papst Pius XII. in einer Sonderaudienz empfangen. Das Oberhaupt der katholischen Kirche sagt zum Ende der Audienz auf Deutsch: »Frau Krone, in Ihrem Circus bin ich sogar schon aufgetreten.« Pius XII. spielt damit auf seine Zeit als päpstlicher Nuntius in München an, wo er von 1917 bis 1925 u. a. über die Revolution und die Räterepublik nach Rom berichtet. Aus einem Schreiben vom 28. Oktober 1919 an den römischen ***Kardinalstaatssekretär*** Pietro ***Gasparri*** geht hervor, dass im neuen Krone-Festbau ein Diözesankatholikentag stattfindet. Einer der Redner ist Nuntius Pacelli, der 35 Jahre später Ida Krone anspricht und an Gemeinsamkeiten aus Münchner Zeiten erinnert.

Nach dem Italien-Gastspiel folgen Krone-Tourneen durch Holland, Spanien und Österreich.

STICHWORT 12
IDA KRONE UND CARL KRONE JUN.

54 Sommer lang ist sie unterwegs, zuerst mit der Menagerie, dann mit dem Zirkus. Ida Krone (1876–1957) war, wie die Fachzeitschrift ***Organ*** im Nachruf 1957 schreibt, eine »Fahrende«.

Die Tochter des Schaustellers Benoit Ahlers arbeitet schon mit 15 Jahren im väterlichen Betrieb. 1902 heiratet sie Carl Krone jun. In ***Mein Leben*** schreibt er: »Wie ein Geschenk des Himmels nahm ich das Glück hin, das mir mit meiner Ehe beschieden war. Ein wundervolles Streben nach dem gemeinsamen Ziel kettete uns immer fester aneinander.«

Die geschäftlich erfahrene Ida Krone will in die Manege. Von ihrem Mann übernimmt sie 1904 die Löwen. Als »Miss Charles« präsentiert sie eine »Löwenpyramide« mit 24 Berberlöwen. Erst 1912 gibt sie die gefährlichen Auftritte auf, nachdem Löwe Othello im Zentralkäfig einen Streit zwischen den Raubkatzen verursacht hat. In letzter Sekunde kann Ida Krone dem Käfig entfliehen.

Sie und ihr Mann führen den Zirkus durch Jahrzehnte. Ida Krone wird auf dem Münchner Waldfriedhof beigesetzt. Dort liegt auch Carl Krone jun. (1870–1943). Ihm sind Dutzende Seiten in diesem Buch gewidmet, deshalb hier nur ein Auszug aus dem Nachruf von A. H. Kober (***Frankfurter Zeitung***, 9. Juni 1943): »Eine mittelgroße, schwere, ganz feststehende Gestalt, die nichts umwerfen konnte. Zwei gedrungene, wie aus alter Eiche gehauene Hände: die packen zu, unablässig, Tag und Nacht. Ein schwerer kantiger Schädel: einer von denen, womit man Wände einrennen kann. Das solide Gesicht mit dem sorgfältig gescheitelten Haar, dem leicht aufgekämmten Schnurrbart und den klugen blauen Augen; die des Fahrenden, die sehen, wo das Geld liegt, wo Gefahr lauert, die Tausende von Städten und Dörfern in sich aufgenommen haben und von allen Landstraßen der Erde wissen, wohin sie führen.«

STICHWORT 13
FRIEDA KRONE UND CARL SEMBACH

Schon mit acht Jahren übernimmt sie eine wichtige Aufgabe: Frieda Krone (1915–1995) kümmert sich zusammen mit ihrer Mutter Ida um die Aufzucht von drei verwaisten Tigerjungen. Mit zwölf Jahren sitzt

Sie heiraten 1935 – Frieda Sembach-Krone und Carl Sembach, eine Aufnahme aus den 1950er-Jahren. Foto: Krone-Archiv

Frieda Krone bereits hoch zu Ross und hat ihre Auftritte. Als »Prinzessin zu Pferde« ist sie vor dem Ersten Weltkrieg eine Attraktion in ganz Europa. Mit 18 Jahren trifft Frieda Krone ihren späteren Ehemann Carl Sembach (1908–1984). Er ist Sohn eines Frankfurter Steueroberinspektors und will zunächst Zoologe an einem Tierpark werden.
Er wird »Schüler« des damals bekannten Dompteurs August Mölter, geht zu einigen deutschen Zirkussen (u. a. Hagenbeck) und verliebt sich in Frieda Krone. Vater Carl Krone spricht ein Machtwort: Erst nach einem Jahr der Trennung sollen Frieda Krone und Carl Sembach zusammenkommen.

1935 heiraten die beiden. Frieda erinnert sich: »Halb München steht auf den Straßen Spalier, als die sechsspännige Kutsche zur Kirche fährt.«
Seit 1933 reitet Frieda Krone auf dem Schimmel-Wallach Gödöllö hohe Schule. Von ihrem Vater übernimmt sie 1943 die Elefantenherde und die Geschäftsleitung. Sie initiiert nach 1945 die Programme ***Bayern spielt auf*** und ***Stars in der Manege***.
Aus der Ehe mit Sembach gehen zwei Kinder hervor: Christel und Robert Krone-Sembach. Carl Sembach wird in der Verwaltung die »rechte Hand« seines Schwiegervaters Carl Krone. Außerdem übernimmt er die Pferde- und die Elefanten-Dressur. Nach dem Tod des Schwiegervaters leitet Sembach gemeinsam mit seiner Frau den Zirkus.
In jeder Winterspielzeit vergibt die Direktorin Tausende Freikarten an weniger betuchte ältere Münchner. Als ihr Ehemann Carl Sembach 1984 stirbt, teilt sie sich die Geschäftsleitung des Zirkus mit ihrer Tochter Christel Sembach-Krone. Frieda Krone wird 1974 mit dem Bundesverdienstkreuz geehrt. 1989, sechs Jahre vor ihrem Tod, erhält sie den Bayerischen Verdienstorden.

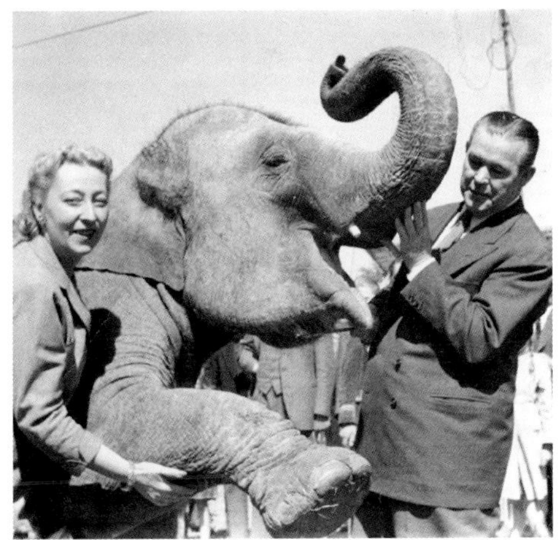

CIRCUS CARL KRONE

Der Circus,
den die ganze Welt kennt!

KAPITEL 7

MUSIKER UND ANDERE STARS IN DER MANEGE (1960ER-/70ER-JAHRE)

Gerade mal 261 Meter misst sie, die neue Straße im Münchner Stadtteil Maxvorstadt. Sie wird am 30. Juni 1967 umbenannt, heißt nicht länger Spatenstraße. Oberbürgermeister Hans-Jochen Vogel, Frieda Sembach-Krone und Carl Sembach stehen bereit zur Enthüllung des Straßenschilds. Elefantendame Sandy hat ihren Auftritt – sie hebt ihren Rüssel und zieht das Tuch herunter: Zirkus-Krone-Straße. Die Zuschauer klatschen Beifall. Zur Feier des Tages spendiert die Brauerei Spaten-Bräu ein Fass Bier. Am nächsten Tag ist die Einweihung eine der Schlagzeilen in allen Münchner Zeitungen.

Am selben Tag beginnt in ganz Deutschland der Verkauf von Farbfernsehern. Farbtestbilder laufen zwischen 7.45 und 9.45 Uhr über den Bildschirm. Fünf Tage später rollt unter der Ungererstraße auf einer Teststrecke von zwei Kilometern die erste Münchner U-Bahn.

Aufbruchstimmung in Deutschland zum Ende der 1960er – dabei hatte die Nachkriegszeit so rückwärtsgewandt, so spießig, so miefig begonnen.

Sensation im Sommerprogramm 1950: Ein Tiger springt durch einen brennenden Reifen. Foto: Archiv Enzinger

EIN NEUER FESTBAU

Kopenhagen, Paris, Moskau – das sind die Städte in Europa, die gemauerte Gebäude für den Zirkus haben. Ab Dezember 1962 gehört München zu diesem exklusiven Kreis: Am 23. Dezember wird der neue Festbau an der Marsstraße mit 3 000 geladenen Gästen eröffnet. Frieda Sembach-Krone erinnert sich an die Gala: »München feierte seinen Circus und seine Circus-Könige, als handle es sich um ein regierendes Herrscherhaus. Das alte, provisorische und fast hinfällige Circusgebäude war einem neuen Circusbau gewichen, dem modernsten Europas und dem einzigen in Deutschland.«

Der alte Festbau aus dem Jahr 1945 hatte ausgedient: Die Holzbänke für die Zuschauer waren unbequem, die spartanisch anmutenden Aufgänge erinnerten an Leitern, die Feuerwehr beschwerte sich, die Lokalbaukommission entdeckte Mängel –der alte Bau entsprach nicht mehr den Ansprüchen des Publikums, passte nicht mehr ins Wirtschaftswunder, das die Bundesrepublik gerade erlebte.

Für den neuen Bau wird der 37-jährige Architekt Ludwig Galitz gewonnen, der sich unter anderem einen Namen als Bauleiter des renommierten Architekten Sepp Ruf gemacht hat. Der Krone-Bau beschert Galitz einen Auftragsboom – an bis zu fünf Baustellen gleichzeitig arbeitet er in den folgenden Jahren.

Viel Zeit hat Galitz für das anspruchsvolle Projekt nicht. Der neue Bau muss in den spielfreien Monaten zwischen Frühjahr und Weihnachten 1962 entstehen. Im Juni 1962 wird das alte Gebäude abgerissen, für den Bau bleiben knapp sieben Monate. Richtfest ist am 17. September. Das neue kreisrunde Gebäude soll ein einfacher Bau werden, kein Palast. Auf Stützen wollen die Krones dieses Mal verzichten. Nichts soll die Sicht behindern. Gleichzeitig soll die Kuppel höher werden (16 Meter), damit die Artisten bei ihren Kunststücken in der Luft besser zur Geltung kommen. Der 3 000 Zuschauer fassende Raum bezieht sich optisch auf die Tradition der Zirkuszelte. Im Anschluss an die Manege steigen allseits die Ränge an.

Als Meisterleistung gilt die 50 Meter überspannende Kuppel. Sie besteht aus 24 Trägern, und zwar aus vorgefertigten, verleimten Holzbindern, die im Odenwald hergestellt und mit einigen Schwierigkeiten nach München transportiert werden. Die Träger – da ist sich die Fachwelt einig – sind von hohem ästhetischem Reiz.

Die Eröffnung des neuen Zirkusbaus am 23. Dezember 1962 ist prachtvoll, die Prominenz kommt in Scharen. Zu den Gästen zählen der bayerische Ministerpräsident Alfons Goppel und Münchens OB Hans-Jochen Vogel. An prominenten Künstlern sind u.a.

Legendäres Gastspiel: Im Juni 1966 treten die Beatles im Krone-Bau auf. Foto: Krone-Archiv

Maria Schell und Bernhard Wicki gekommen. Vogel betont in seiner Rede, Circus Krone gehöre genauso zu München wie die Türme der Frauenkirche und das Hofbräuhaus. Der OB hat einen grauen Esel in seiner Begleitung, der mit einem Sack Hafer und einem Sack Heu beladen ist. »Damit es den Krone-Tieren niemals schlecht gehe!« Wenn die Gastgeber zur Einweihung des Hauses Pferde, Elefanten und Löwen sind, fallen eben auch Brot und Salz ein bisschen größer aus.

ROLLING STONES UND BEATLES

Der Circus-Krone-Bau eröffnet neue Perspektiven, er macht Krone zu einer Kultstätte für Beat- und Rockfans: 6,60 Mark kostet der Eintritt 1965, 2003 beträgt der Schwarzmarktpreis 2000 Euro aufwärts. Zwei Konzerte der Rolling Stones, dazwischen liegen 38 Jahre Weltkarriere und 38 Jahre Events im Circus Krone. 2003 haben die Rolling Stones drei Auftritte in München: im Olympiastadion, in der Olympiahalle und im Zirkusbau an der Marsstraße. Dass die Weltstars in einem so »kleinen« Saal auftreten, ist reine Nostalgie: Sie wollen an ihren ersten Auftritt in München zu Beginn ihrer Weltkarriere erinnern. Das war am 14. September 1965. Zu diesem Zeitpunkt hat der Circus-Krone-Bau seine Feuertaufe als Münchner Beat-Location schon längst bestanden.

In den ausgehenden 1950er-Jahren und zu Beginn der 1960er gibt es in München wenig Platz für Bands aus England und den USA. Die bayerische Landeshauptstadt ist tiefe musikalische Provinz. Das ändert sich erst ab 1963, als Krone seinen neuen Festbau vermietet, und zwar nicht nur an Sportveranstalter, sondern auch an Kon-

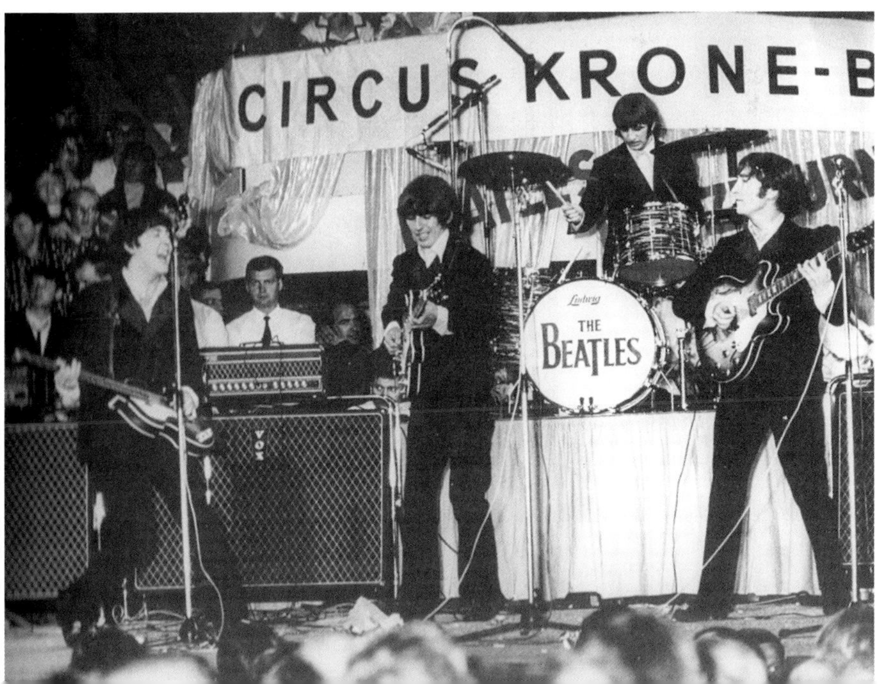

zertagenturen. Musikaffine Zeitzeugen beschreiben diese Entscheidung später als »Erlösung«.

Die ersten Künstler, die an der Marsstraße auftreten, sind Tony Sheridan, Cliff Richard und Louis Armstrong. Ein gutes halbes Jahr nach den Rolling Stones, am 24. Juni 1966, kommen im Rahmen einer *BRAVO*-Tournee die Beatles nach München. Hans Schulz, der bei Krone die Konzerte organisiert, erinnert sich: »Die ganze Stadt war in Aufruhr. Der Bayerische Hof, das Hotel der ›Beatles‹, wurde von den Fans belagert wie eine Festung.« Kreischende Teenager machen der Polizei zu schaffen. Sie wählt eine sanfte Strategie: Während des Beatles-Konzerts tragen Polizisten keine Uniform, sondern weiße Hemden mit schwarzen Krawatten. Die Deeskalation gelingt. Das Konzert der Beatles und Circus Krone werden schnell zum Mythos.

Es sind Dutzende Weltklassemusiker, die bei Krone in den 1960er- und 1970er-Jahren auftreten; erst ab 1972 hat München mit der Olympiahalle einen größeren Konzertsaal als den Festbau an der Marsstraße. Zu den prominenten Gästen zählt unter anderen auch Michael Jackson, der schon 1972 mit den Jackson Five bei Krone singt. Aus der Fülle der Weltstars seien hier nur wenige MusikerInnen (in alphabetischer Reihenfolge) erwähnt: AC/DC, Alice Cooper, Bob Dylan, Bob Marley, Deep Purple, Emerson Lake & Palmer, Eric Clapton, Freddy Mercury, Frank Zappa, Ike & Tina Turner, Joe Cocker, Johnny Cash, Santana, Simply Red, Led Zeppelin, Pink Floyd und Styx.

STARS IN DER MANEGE

Nicht nur amerikanische oder britische Bands treten im Circus Krone auf, auch deutsche Sänger werden gefeiert: Freddy Quinn ist 1963 einer der größten deutschen Stars. Allein 100000mal geht die Polydor-Scheibe »Junge, komm bald wieder« über den Ladentisch. Am 6. Dezember 1963 singt Freddy Quinn die Schnulze mit viel Tremolo im Circus Krone. Es ist die erste Show von ***Stars in der Manege***, der noch Dutzende in den nächsten Jahrzehnten folgen sollen. Das Format präsentiert deutsche Promis in der Zirkusarena, Artisten zeigen ihre Kunststücke, bekannte Fernsehstars führen Krone-Tiere vor – die Glitzershow wird im Fernsehen übertragen.

1963 ist diese Kooperation eine Sensation: Eigentlich nimmt doch das Fernsehen dem Zirkus die Zuschauer weg.

Host Buchholz ist einer der Filmgrößen, die in den 1960er- und 1970er-Jahren im Krone-Bau im Rahmen von Stars in der Manege auftreten. Foto: Krone-Archiv

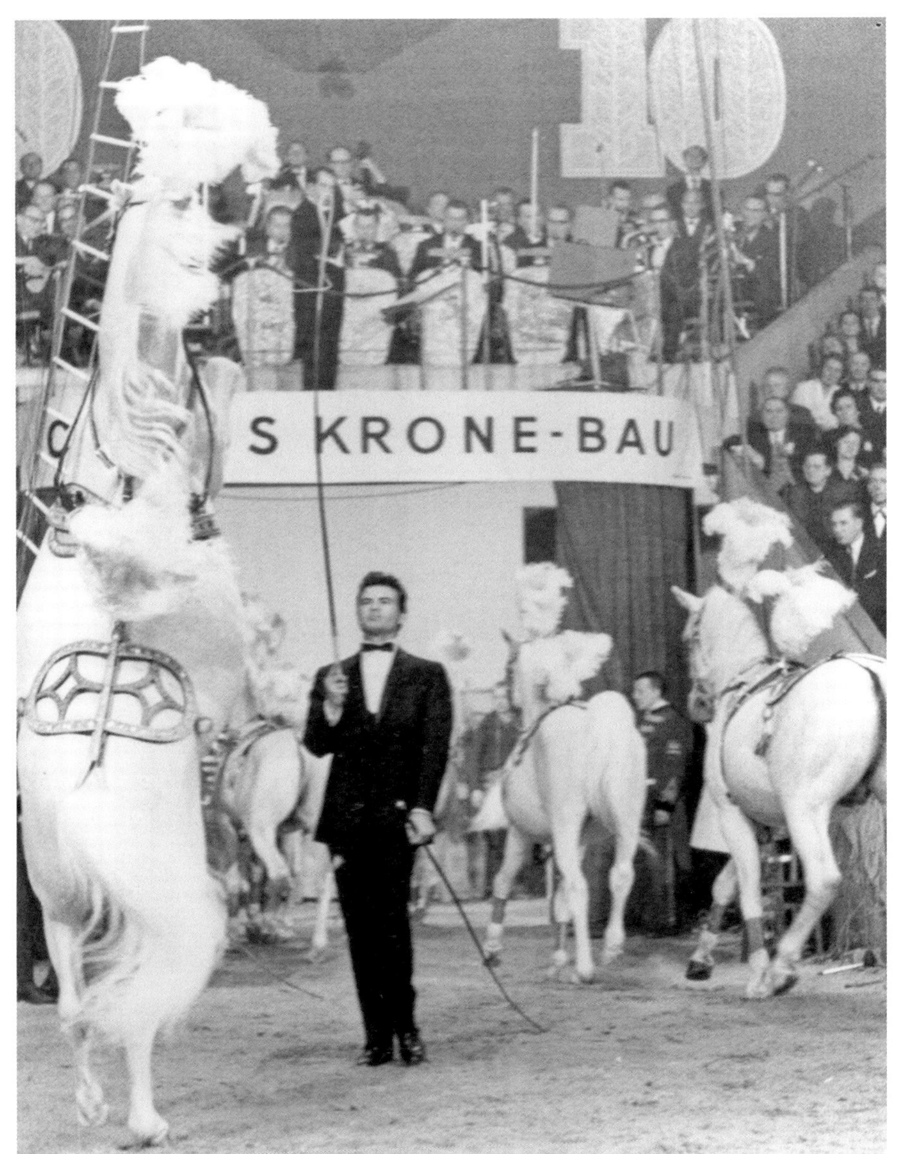
S KRONE-BAU

Das ZDF kommt gerade frisch in den Unterhaltungssektor. Fernsehmacher und Zirkusleute beäugen einander kritisch und eifersüchtig.

Doch ***Stars in der Manege*** hatte schon einen Vorläufer im Jahr 1959: Am 11. April traten Größen wie Ski-Ass Toni Sailer oder die junge Christine Kaufmann bei der ***Wohltätigkeitsveranstaltung zur Rückführung der Münchner Evakuierten*** auf. Weitere Akteure der Gala waren Frieda Sembach-Krone, Carl Sembach, Christel Sembach-Krone (siehe auch Stichwort 14: Christel Sembach-Krone) und die Münchner Lach- und Schießgesellschaft mit Dieter Hildebrandt.

Die Idee zu ***Stars in der Manege*** haben Carl Sembach und Werner Friedmann, der Gründer und Herausgeber der Münchner ***Abendzeitung***. Ab 1962 geht die Veranstaltung im Circus Krone über die Bühne, ab 1963 steigt das Fernsehen ein. Es treten Prominente aus Film, Funk und Fernsehen, aber auch aus dem Sport in der Manege als Artisten oder Clowns auf. Sie verzichten dabei für einen guten Zweck auf ihre Gage. Zusätzlich präsentieren auch Profi-Artisten ihr Können und machen sich auf diese Weise einer breiten Öffentlichkeit bekannt.

Anfang Dezember wird der Gala-Abend vom Bayerischen Rundfunk aufgezeichnet und am zweiten Weihnachtsfeiertag im Fernsehen ausgestrahlt. Bei den 46 Wohltätigkeitsgalas zwischen 1963 und 2008 sind mehr als 500 Promis in der Manege des Circus Krone zu sehen.

Zu diesen VIPs zählen in den 1960er-Jahren Hildegard Knef, Horst Buchholz, Marika Rökk, Max Schmeling und Romy Schneider. In den 1970er- und 1980er-Jahren treten im Circus Krone u. a. Gert Fröbe, Senta Berger, Curd Jürgens, Hans-Joachim Kulenkampff, Udo Lindenberg (schon 1976), Franz Beckenbauer und Loriot auf.

Dabei gibt es immer wieder Schwierigkeiten. 1983 wird auch der Filmregisseur und Oscar-Preisträger Volker Schlöndorff ein »Star in der Manege«. Wie aus dem Briefwechsel mit Anneliese Friedmann, der Organisatorin der Gala, hervorgeht, ist Schlöndorff zunächst nur zweite Wahl. Eigentlich soll die Schauspielerin Ornella Muti die Panther vorführen. Doch die zögert. In einem Brief an Friedmann schreibt Schlöndorff: »Muti hat Angst vor wilden Tieren. Ich werde es immer wieder versuchen.« 1983 darf er schließlich die schwarzen Panther im Circus Krone präsentieren.

Bis zum Ende der Gala im Jahr 2008 treten u. a. noch Klaus Maria Brandauer, die Brüder Klitschko, Hape Kerkeling und Gina Lollobrigida auf.

TV OHNE WILDTIERE

Die Gala 2008, die von Schauspieler Fritz Wepper moderiert wird, verzichtet erstmals vollständig auf die Präsentation von Wildtieren. Zum ersten Mal wird der Abend nur mit Pferden, Laufenten, Hunden und Lamas bestritten. Für die Fernsehausstrahlung wird eine Szene gedreht, in der Fritz Wepper einer Elefantenkuh des Circus Krone ein Brot gibt und erzählt, dass das Tier »heute frei habe«. Im Jahr 2009 verzichtet die ARD auf die Gala, was mit sinkenden Quoten begründet wird. Am 12. März 2010 gibt der Bayerische Rundfunk bekannt, dass die Sendung eingestellt werde.

Mehr als 40 Jahre lang präsentiert sich Circus Krone an jedem zweiten Weihnachtsfeiertag im Fernsehprogramm – zwischen 1969 und 1971 läuft zudem im TV ***Salto Mortale***. Die Serie erzählt die Geschichte einer Schweizer Artistenfamilie, der »Flying Dorias«. Die Hauptrollen übernehmen Gustav Knuth, Hans-Jürgen Bäumler und Hellmut Lange. Die Geschichten spielen größtenteils im Circus Krone.

Seitdem ist es um Krone als Filmkulisse ruhiger geworden. Das Unternehmen hat die Werbung in Film und Fernsehen ohnehin nicht nötig. Wie Carl Sembach in einem großen Interview mit der ***Süddeutschen Zeitung*** vom 6. März 1973 betont, macht Krone einen Jahresumsatz von 12 Millionen Mark. Auch die Ausgaben sind allerdings beträchtlich: Die monatliche Lohnsumme für die 400 Angestellten beträgt 234 000 Mark, an einem Tag werden 18 500 Mark an festen Spesen ausgegeben. Eine Vorstellung spielt die Kosten wieder ein.

Konzerte, Dreharbeiten im Zirkus, Spielfilme im Zirkus-Milieu – das sind nur Nebenschauplätze für Krone. Das Hauptaugenmerk gilt seit Bestehen des Unternehmens den eigenen Tierdressuren. Selbst prominente Auftritte von Weltklasse-Clowns wie Charlie Rivel (1971/72) oder Oleg Popow (1980) ändern daran nichts. Fester Bestandteil jedes Krone-Programms sind die Auftritte mit Pferden, Elefanten und Raubtieren, die im Krone-Zoo zu Hause sind. Vorgeführt werden die Tiere sehr häufig von den Zirkus-Damen Frieda Sembach-Krone und Christel Sembach-Krone sowie von Carl Sembach. Die Raubtiere sind die Domäne von Dompteur Carl Lichtenthal. Im Februar 1961 feiert er ein Jubiläum: Er ist seit 50 Jahren beim Circus Krone (siehe auch Stichwort 15: Dompteur Carl Lichtenthal).

Christel Sembach-Krone betritt ab Anfang der 1970er-Jahre neue Wege, als sie zu Melodien aus dem damals topaktuellen Hippie-Musical ***Hair*** ihre Araberhengste im Kunstnebel bei flackerndem Stroboskop-Licht durch die Manege diri-

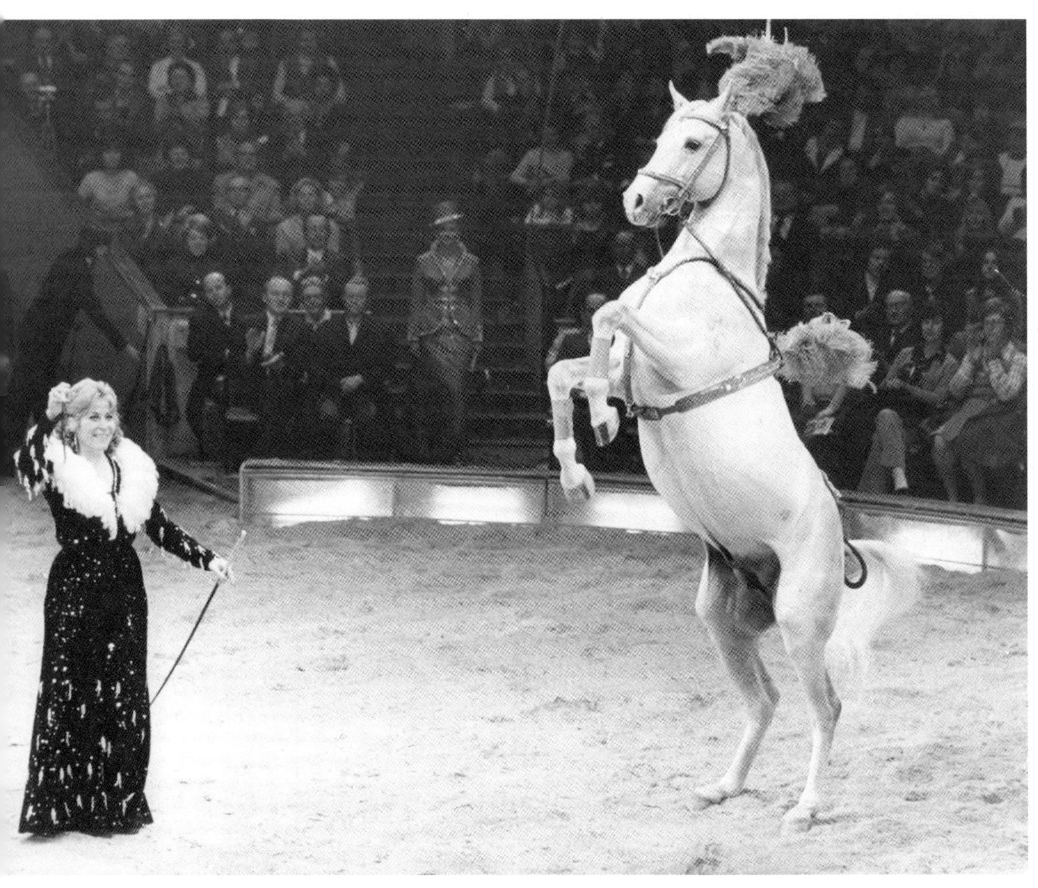

giert. Sie selbst steht im »hippen« Mini-Kleid inmitten ihrer Pferde und schreitet anschließend im großen Finale in diesem Outfit die Showtreppe hinunter.

Christel Sembach-Krone im Jahr 1979 mit einer ihrer legendären Pferdenummern. Foto: Krone-Archiv

Als Beispiele für eigene Dressuren mit eigenen Tieren seien einige Produktionen aus den 1970er Jahren genannt: 1973 hält Poppäa im Circus Krone Einzug. Die Nilpferd-Dame kann bis zu zwei Runden in der Manege traben und auf Zuruf das große Maul aufreißen. Eine nicht minder große Attraktion ist Bijoya, ein Elefant, der Radfahren kann. Für ihn wird ein spezielles Dreirad hergestellt. Publikumsmagneten sind 1973 auch die zwölf Araberhengste, vorgeführt von Christel Sem-

Eine Nummer, die in die ZirkusgGeschichte eingeht: Araberhengst Ghazi läuft durch die Beine von Giraffe Baluku (1979). Foto: Krone-Archiv

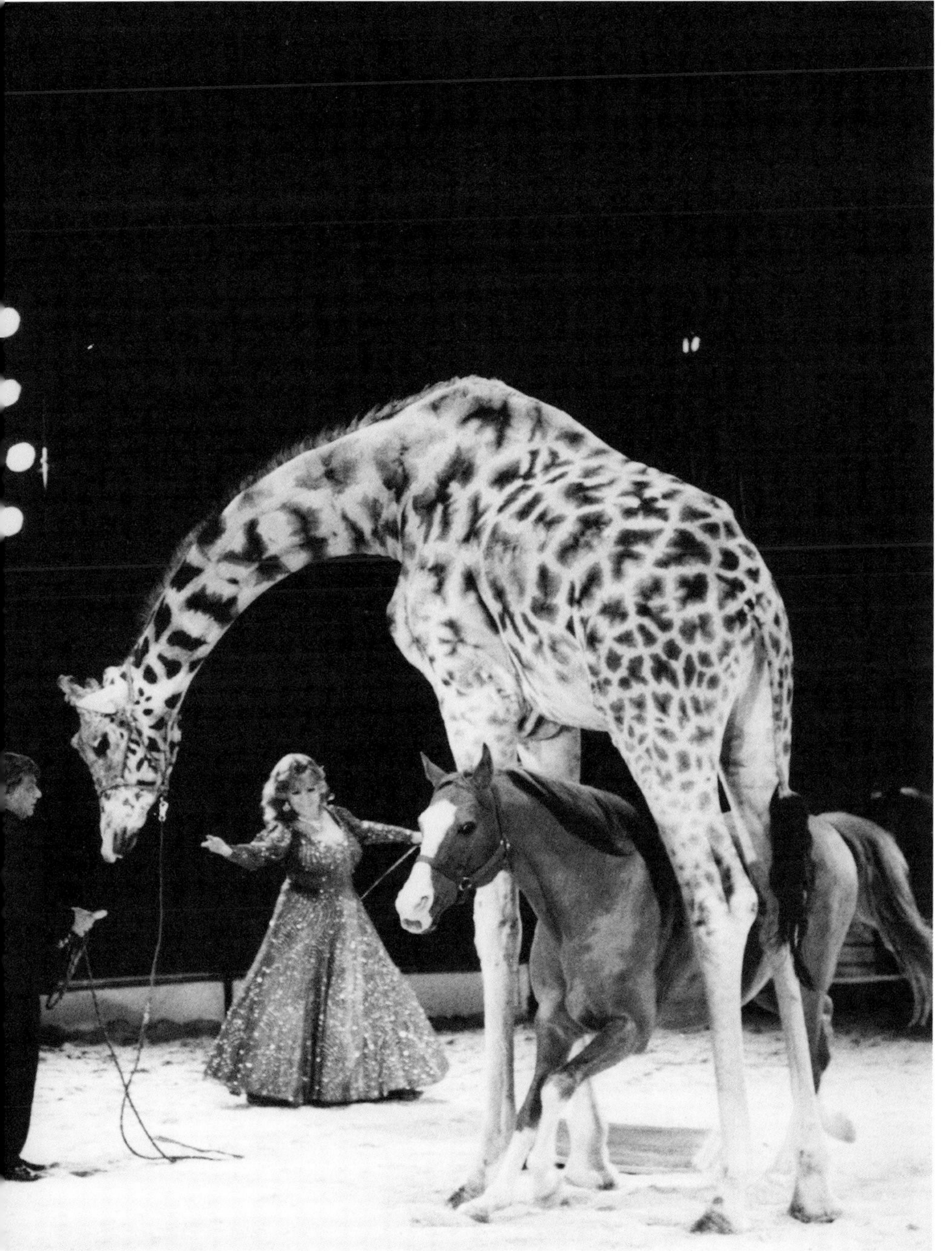

bach-Krone. Sie ist außerdem verantwortlich für eine Freiheitsdressur von 24 edlen Pferden, die 1975 durch die Manege traben und mit ihren unterschiedlichen Fellfarben faszinierende Muster bilden.

1976 macht Baluku von sich reden, ein Giraffenbulle. Schon in den 1930er-Jahren hatte es eine Giraffe im Circus Krone gegeben: Gretel, sie maß 4,50 Meter, trat aber nicht in der Manege auf. Auch Baluku ist 4,50 Meter hoch, wird allerdings nicht wie Gretel im Zug befördert, sondern mit einem modernen Hydrauliktransporter (Kosten: 80000 DM). In der Fachwelt gilt es als Sensation, dass der Giraffenbulle bei einer Zirkusnummer auftritt. Christel Sembach-Krone bringt die von Natur aus eher ängstliche Giraffe durch monatelange Dressur dazu, ruhig in der Manege zu stehen und zu dulden, dass der braune Araberhengst Ghazi zwischen ihren Beinen durchläuft.

1977 ist die Junior-Chefin wieder mit Pferden im Programm: Dieses Mal sind es 30 edle Hengste, die in ausgefeilten Choreografien auftreten. 1979 fährt Bijoya wieder Fahrrad, die Krone-Löwen zeigen ihre Dressur im Zentralkäfig. Dompteure sind Tom Dieck und – im Rahmen von ***Stars in der Manege*** – Thomas Gottschalk.

BRAND IM ELEFANTENZELT

1967 wird in München die Zirkus-Krone-Straße eingeweiht, im gleichen Jahr erlebt das Unternehmen einen dramatischen Zwischenfall bei einem Gastspiel in Mannheim. Klaus-Dieter Kürschner beschreibt das Ereignis ausführlich in seiner Chronik. Die Nachmittagsvorstellung des 8. April ist ausverkauft, um 15.30 Uhr beginnt pünktlich die Vorführung. Nur drei Minuten später ist im Tierschaugelände ein Schrei zu hören: »Feuer!« Es brennt im Elefantenzelt. Dort stehen 14 Elefanten, angekettet. »Die Zeltleinwände brennen wie Zunder, glühende Fetzen des Stoffes fallen auf die Tiere hinab«, so Kürschner. Die Elefanten trompeten vor Angst. Den Tierpflegern und dem Elefantenstallmeister gelingt es nur mühsam, die Tiere loszumachen. Die Ketten werden heiß, man braucht Bolzenschneider, um sie zu lösen. Die verletzten Tiere rasen aus dem Zelt, innerhalb von Minuten entsteht eine Lage, die nicht nur für die Elefanten höchst gefährlich ist. Das Leittier der Herde, die fast fünfzigjährige Elefantenkuh Dehli, bleibt auf dem Gelände, kehrt immer wieder ins Zelt zurück, denn sie weiß, »dass noch nicht alle Tiere losgemacht werden konnten und will ihnen unbedingt helfen. Dehli wird sehr schwer verletzt.« Alle Tiere sind schließlich von der Brandstelle weggeschafft.

Klein und Groß, Jung und Alt: Christel Sembach-Krone hat Besuch (ca. 1939). Foto: Krone-Archiv

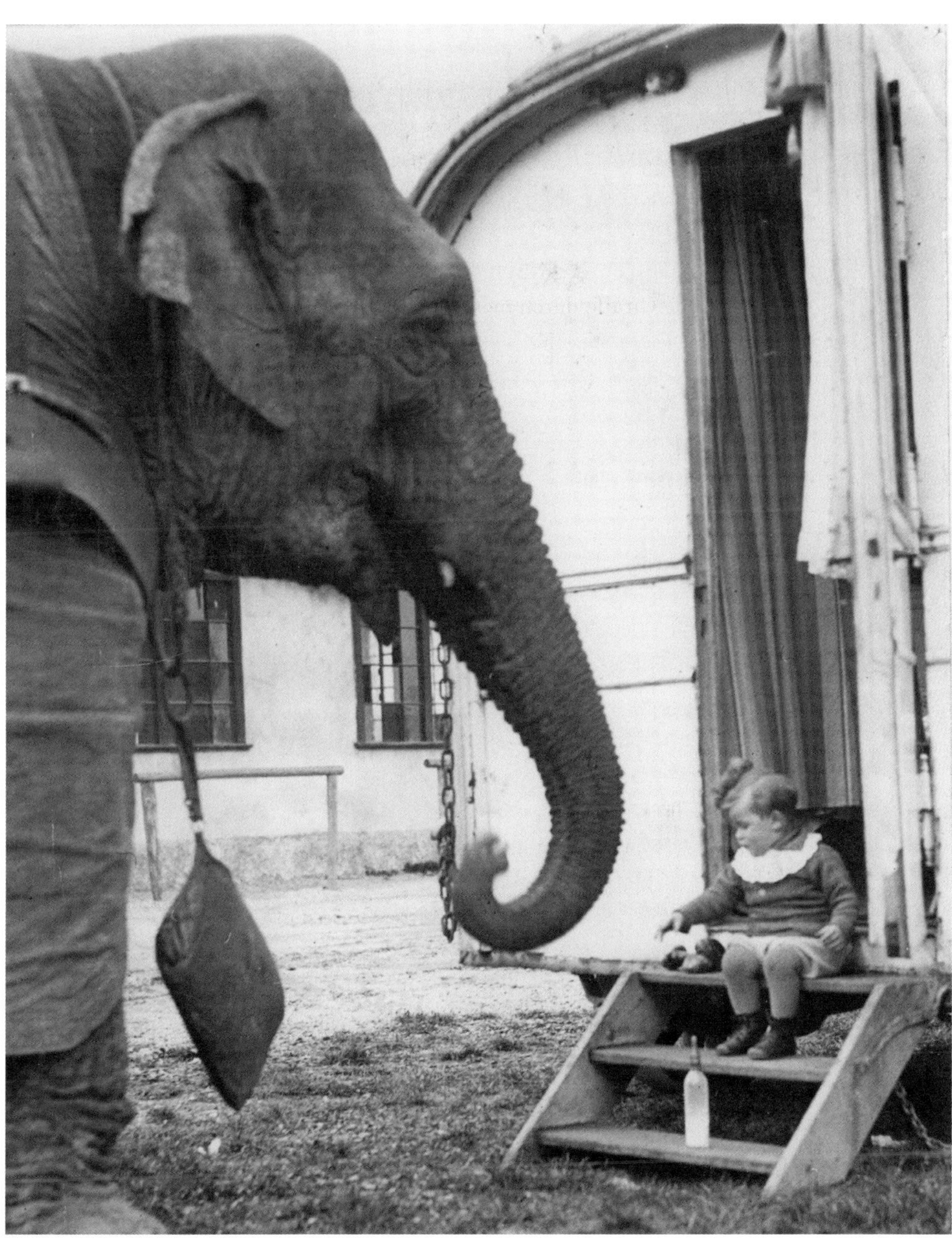

Unterdessen gelingt es Carl Sembach, eine Panik im Zirkuszelt zu verhindern – die Zuschauer merken von dem Brand gar nichts. Sieben Elefanten sind verletzt. Die Polizei wird alarmiert, sie rast durch die Stadt, um Leinöl für die Wunden der Tiere zu besorgen. Es werden Hunderte Liter benötigt. Eine Mayonnaise-Fabrik stellt sie zur Verfügung. Mithilfe von großen Tapezierbürsten streicht der Tierarzt das Leinöl über die Haut der Elefanten. Ein Chirurg löst die verbrannten Hautteile ab. Die verletzten Elefanten werden über Wochen in Mannheim gepflegt. Erst am 4. Juli treten sie die Heimreise nach Bayern an. Im Münchner Krone-Areal angekommen, trompeten sie.

Während sich die Tiere langsam erholen, ermittelt die Mannheimer Polizei wegen der Brandursache und findet heraus: Ein elf- und ein zwölfjähriger Junge haben im Elefantenzelt einen Strohhaufen angezündet. Sie waren frustriert, weil sie keinen Platz im ausverkauften Krone-Zelt bekommen hatten.

STICHWORT 14
CHRISTEL SEMBACH-KRONE

Die Bilanz kann sich sehen lassen: In guten Jahren besuchen mehr als eineinhalb Millionen Menschen die Vorstellungen von Circus Krone. Christel Sembach-Krone (1936–2017) ist stolz darauf: »Guten Zirkus wird es geben, solange die Sterne am Himmel stehen«, sagt sie kurz vor ihrem Tod.

Christel Sembach-Krone tritt von 1956 bis 2006 auf und führt Pferde vor. In jüngeren Jahren reitet sie hohe Schule und zeigt Freiheitsdressuren, also Dressuren ohne Longe. Seit 1995 leitet sie den Circus Krone und ist Schöpferin der Krone-Programme. Dabei arbeitet sie mit dem US-amerikanischen Choreografen Gene Reed zusammen.

2007 verabschiedet sie sich aus der Manege und übergibt die Pferdedressur an ihre Adoptivtochter Jana Mandana Lacey-Krone. 1997 erhält Christel Sembach-Krone die Medaille »München leuchtet«. Damit wird die Vergabe von fast einer halben Million Eintrittskarten an bedürftige Menschen gewürdigt. Ministerpräsident Edmund Stoiber verleiht ihr 1998 den Bayerischen Verdienstorden. Aus der Hand des Bundespräsidenten erhält sie 1999 das Große Bundesverdienstkreuz, und zwar aufgrund ihres hohen sozialen Engagements und ihres Lebenswerks.

2007 geht sie in den Ruhestand. Sie stirbt unverheiratet und ohne leibliche Kinder. Im Nachruf von Münchens Oberbürgermeister Dieter Reiter heißt es: »Christel Sembach-Krone hat durch ihren Unternehmergeist und ihre große Geschicklichkeit im Umgang mit Tieren den Circus Krone zum größten Zirkus in Europa entwickelt. Sie hat nicht nur unzähligen Menschen im Rahmen von unvergesslichen Vorstellungen viel Freude bereitet, sondern durch ihr umfangreiches soziales Engagement bewiesen, dass sie stets auch das gesellschaftliche Wohl im Blick hatte.« Im Münchner Stadtbezirk Aubing-Lochhausen-Langwied wird 2019 eine Straße nach ihr benannt.

STICHWORT 15
DOMPTEUR CARL LICHTENTHAL

Nummer 5 ist er an diesem Abend, der »Löwenbändiger Siegfried« mit seinen Berberlöwen. Am 10. Mai 1919 präsentiert er bei der Eröffnung des Krone-Festbaus die Raubtiere. Dompteur Siegfried, alias Carl Lichtenthal, geht in die Zirkusgeschichte ein als »Siegfried, der Herr der Löwen«.

Carl Lichtenthal kommt am 1. Oktober 1880 in Halle als Sohn eines Fleischereibesitzers auf die Welt. Mit 17 geht er auf Wanderschaft und trifft auf Malferteiner, mit ihren 150 Tieren damals die größte Menagerie Europas.

Er wird Futtermeister, später Dompteur. 1911 beginnt seine Arbeit für Krone als Raubtierinspektor. Lichtenthal übernimmt von Ida Krone die Löwen, nennt sich nun »Siegfried, der Herr der Löwen« und kleidet sich in ein römisches Gewand.

Als Höhepunkt der Vorführung gilt der Moment, wenn Lichtenthal dem größten Löwen seinen Kopf in den Rachen steckt oder das Tier auf den Schultern aus der Manege trägt.

»Siegfried« wird mit seinen Raubtieren nach Brüssel, Paris, London und Moskau eingeladen. Bruno Petras schreibt in ***Der Herr der Löwen***: »Dabei dürfen wir nicht vergessen, dass Siegfried niemals mit einer Pistole gearbeitet hat, wie es damals üblich war. Dennoch arbeitete er am liebsten ›wild‹.« Die Folgen bleiben nicht aus: Einmal wird er am Unterschenkel so schwer verletzt, dass er 14 Wochen im Krankenhaus bleiben muss. 1926 wird er Betriebsinspektor und damit Vorgesetzter von fast 1 000 Menschen.

Nach Kriegsende kehrt Lichtenthal aus der Emigration zu Krone zurück. Mit 76 Jahren tritt er in den Ruhestand. 1961 wird der 81-jährige für 50 Jahre beim Circus Krone gefeiert. 1962 erhält er das Bundesverdienstkreuz »für seine Verdienste um den Circus Krone«. Am 3. September 1969 stirbt Carl Lichtenthal im israelitischen Altersheim in München.

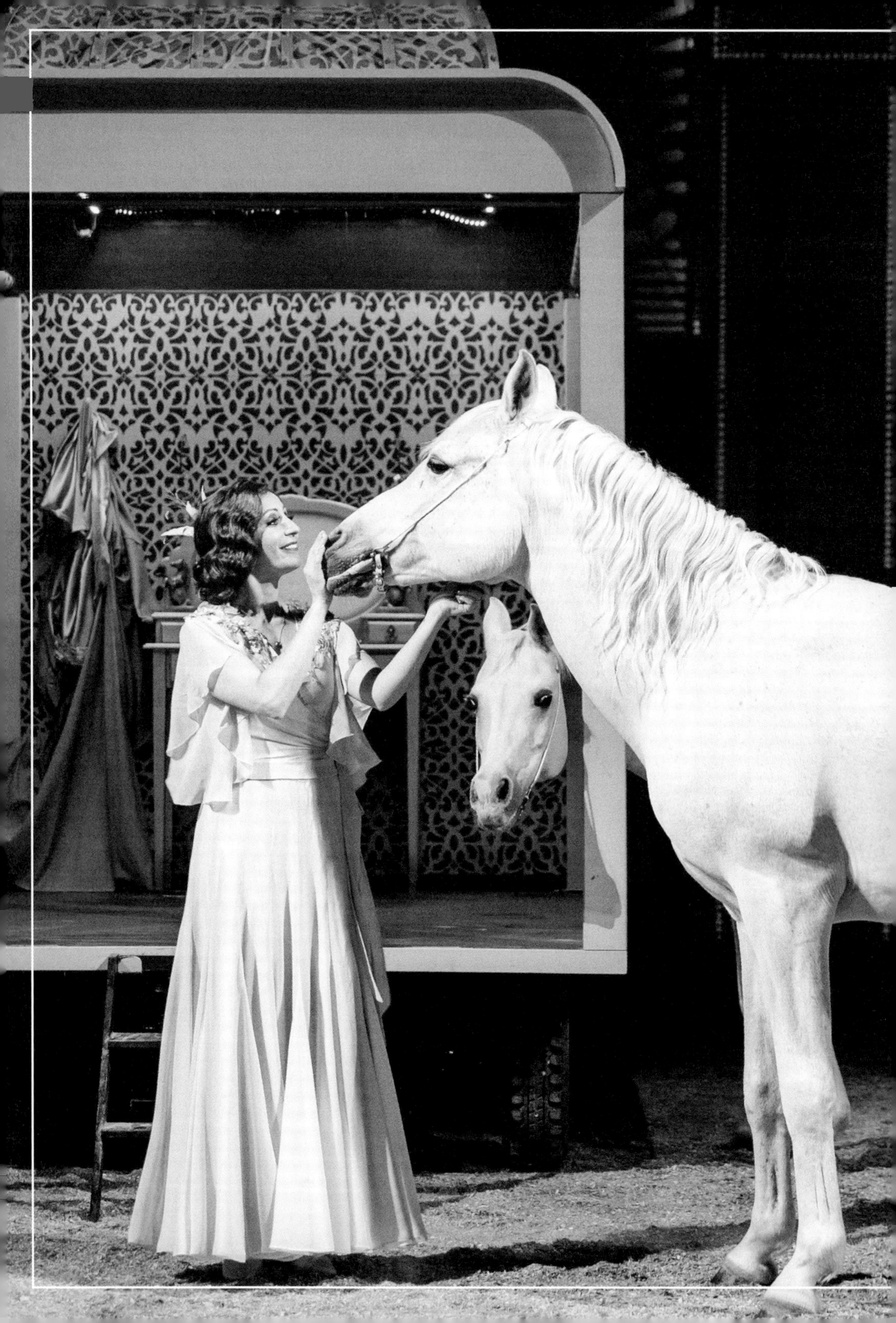

KAPITEL 8

VON RONCALLI BIS MANDANA (1980–2020)

»Militant« nennt er die Aktivisten – das Urteil von Dr. Rudolf Haslinger ist eindeutig. Der Anwalt des Circus Krone gibt zusammen mit Christel Sembach-Krone eine Pressekonferenz. Beide wehren sich gegen die Anschuldigungen von Tierschützern, bei Krone würden Tierschutzgesetze verletzt. Die Attacken sind nicht neu und sie sind immer wieder mit der Frage verbunden, ob das Unternehmen nicht auf Tiere verzichten könne.

Christel Sembach-Krone stellt klipp und klar fest: »Ein Zirkus ohne Tiere ist kein Zirkus.« Die Pressekonferenz findet im März 1994 statt. Ihr sollen noch Dutzende, Hunderte folgen. Immer wieder geht es um die Frage nach Tieren im Zirkus, immer mit demselben Ergebnis.

1983 hat Krone elf Elefanten und mehr als 100 Pferde, im Jahr 2019 sind es 40 Pferde und zwei Elefanten. Tiere sind das Markenzeichen des Circus Krone. Seit Jahrzehnten schmücken sie das goldene Krone-Wappen. Aus den vier mit Perlen bestückten Reifen schauen Tiere heraus: ein Löwe, ein Elefant, ein Pferd und ein Tiger.

Ab 1980, als Christel Sembach-Krone die Leitung des reisenden Zirkus allmählich übernimmt, schafft sie das Orchester ab und lässt die Musik vom Tonband kommen. Hugo Strassers Big Band spielt die zum Teil eigens komponierten und arrangierten Stücke ein. Ganz neue Effekte sind dadurch möglich in einer Perfektion, die nur im Studio zu realisieren ist. Unumstritten ist diese Entscheidung nicht, doch Christel lässt sich nicht davon abbringen. Ganz neue, aktuelle Choreografien für TänzerInnen und Pferde entstehen, wie z. B. »Riverdance« mit Tapdance auf der Bühne. Das Ballett zeigt sich in der Manege als Strauße

Sensation im Jahr 2019: Die Gala »Mandana« mit der Direktorin des Circus Krone, mit Jana Mandana Lacey-Krone. Foto: Krone-Archiv

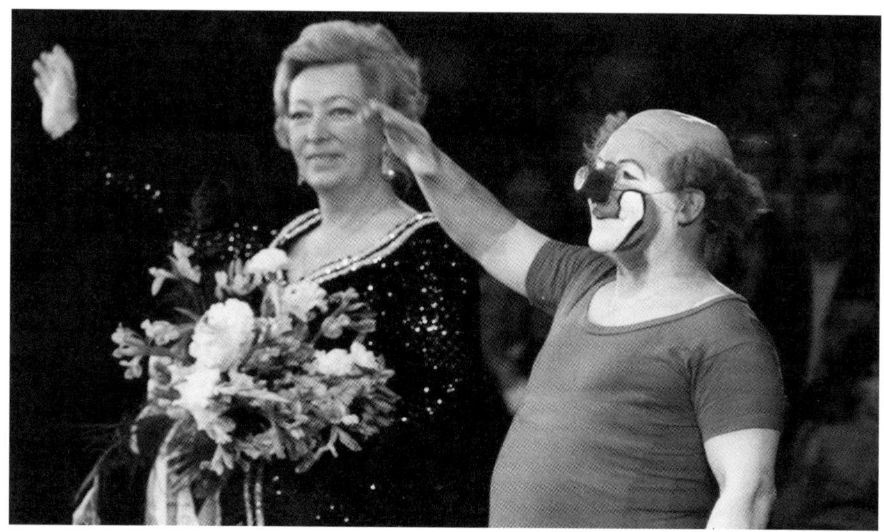

verkleidet oder als Tiger beim Abbau des Zentralkäfigs. Christel präsentiert neuartige Darbietungen wie BMX-Fahrer zum Opening, die Flying Roller Boys auf Inline-Skates oder die artistische Choreografie unter der Zirkuskuppel des acht Personen starken russisch-ukrainischen Ensembles Borzovi – eine Attraktion, die nur unter dem riesigen Krone-Chapiteau überhaupt gezeigt werden kann.

SIMONEIT UND RONCALLI

Frei im Raum schweben sie, die Lichtgestalten mit der Form von Pferden. Im Circus Roncalli traben nur noch Hologramme durch die Manege. Er verzichtet seit 2018 gänzlich auf den Einsatz von Tieren. Dabei hatte es in den ersten Roncalli-Programmen der 1970er-Jahre noch Löwen gegeben. Das Vorführen von Tieren im deutschen Zirkus ist in den 50er-, 60er- und 70er-Jahren des 20. Jahrhunderts kein strittiges Thema – eher das Lied vom Zirkussterben, das um 1953 einsetzt. In diesem Jahr wirft zum Beispiel Circus Hagenbeck das Handtuch.

Zirkusse kämpfen in dieser Zeit um ihre Existenz – die Unkosten steigen und steigen. Dennoch können Neugründungen durchaus erfolgreich sein, etwa die von Gerd Simoneit, der von 1970 bis 2008 erfolgreich Raubtiere präsentiert.

Der Weltklasse-Clown Charlie Rivel mit Frieda Sembach-Krone. Seit 1983 steht eine Rivel-Statue vor dem Münchner Festbau. Foto: Krone-Archiv

Spektakuläre Akrobatiknummern von Artisten aus dem Ostblock lenken von der eigentlichen Misere ab, dass sich der

Zirkus in Deutschland in dieser Zeit nicht gerade durch große Kreativität auszeichnet.

Mit neuen Ideen warten Bernhard Paul und André Heller auf: Sie heben am 18. Mai 1978 in Bonn den Circus Roncalli aus der Taufe und leiten damit eine Revolution im Zirkuswesen ein. Bernhard Paul erschafft ein Gesamtkunstwerk. Der Zirkushistoriker Ernst Günther ist überzeugt: »Mit Roncalli ist der gesamte europäische Zirkus innovativer geworden.«

Paul, Jahrgang 1947, wächst in der Provinz, in Wilhelmsburg (Niederösterreich), auf und kommt schon als Kind mit der Welt der Fahrenden in Berührung. Als einen »Kulturschock« erlebt der kleine Bernhard den Besuch von Circus Krone, der in St. Pölten gastiert. Drei Tage dauert das Gastspiel, Bernhard Paul und sein Bruder besuchen alle Vorstellungen und die Tierschau. Der Sechsjährige reißt das Ankündigungsplakat von der Wand und hängt es über sein Bett. Das Münchner Unternehmen beeindruckt die beiden Brüder so sehr, dass sie Circus Krone im Modell nachbauen. Per Linolschnitt kreieren sie Briefpapier mit dem Aufdruck »Circus Krone, der größte Circus der Welt im Modell« und schreiben an Carl Sembach-Krone. Der antwortet und schickt einen Weihnachtsgruß.

POESIE UND ZAUBER

Paul studiert Grafikdesign, wird Artdirector der Wochenzeitschrift ***Profil***, träumt weiter von einem kleinen nostalgischen Zirkus, kauft alte Zirkuswagen und lernt den Poeten, Sänger und Schauspieler André Heller kennen.

Am 8. Oktober 1975 geben die beiden ihre erste Pressekonferenz in Graz und kündigen ein neuartiges Varieté, einen neuen Zirkus an. Heller ist von Papst Johannes XXIII. so beeindruckt, dass er auf den Namen Roncalli (so lautet der bürgerliche Name des Kirchenoberhauptes) verfällt.

Paul lässt sich immer wieder ablichten, u. a. in seinem Atelier, wo ein wandfüllendes Plakat von Circus Krone hängt. Heller und Paul eröffnen ihren Circus Roncalli im Mai 1978, Publikum und Presse sind von der Poesie und dem Zauber, den riesigen Seifenblasen von Clown Pic hingerissen.

Das erste Roncalli-Plakat zeigt im unteren Drittel drei Löwen. Bei der einzigen Wildtiernummer sind drei Löwinnen und ein Tigerpärchen im Zentralkäfig. Mitte der 1990er-Jahre stellt Roncalli seine Nummer mit Wildtieren ein, 2018 werden auch die Auftritte mit Pferden und Ponys gestrichen.

Zirkus mit Tieren – das kommt auch für den zweiten international gefeierten Cirque nicht infrage: Der 1984 in Kanada gegründete Cirque du Soleil setzt auf Artistik, Theaterelemente und Livemusik. Gründer des kanadischen Unternehmens ist Guy Laliberté. Ihm gehören derzeit noch zehn Prozent des Zirkus – den Hauptanteil tragen US-amerikanische und chinesische Konsortien. Das Unternehmen hat im Jahr 2012 einen Umsatz von 750 Millionen Euro und beschäftigt knapp 5000 Mitarbeiter. Seit 1984 haben mehr als 155 Millionen ZuschauerInnen eine Vorstellung des Cirque du Soleil besucht. 39 Shows wurden seit 1984 produziert. Auch in deutschen Großstädten laufen sie monatelang. 2020 steht beim Cirque du Soleil die Produktion von »Paramour«, einer Mischung aus Zirkus und Musical, auf dem Programm. Mit klassischem Zirkus hat der Cirque du Soleil nichts mehr zu tun – von Anfang an fehlen die Pferde, die Tierdressur und die Manege von 13 Metern Durchmesser.

Während viele Zirkusse ihren Tierbestand reduzieren, entwickelt sich eine neue Form der Tiershow, die nur auf eine einzige Tiergattung setzt und teilweise stark an die Anfänge des Zirkus erinnert. Pferde gibt es en masse, doch die Manege fehlt – die Show Apassionata wird in riesigen Arenen präsentiert. Zu erleben sind etliche Pferderassen, so etwa Andalusier, Lippizaner, Islandpferde, Friesen, Lusitanos, dazu Esel. Markenzeichen von Apassionata ist – so die Werbung – die »magische Begegnung von Mensch und Pferd«. Seit 2003 tourt die Show jährlich durch Deutschland, Österreich und die Schweiz, seit 2004 durch ganz Europa. In den großen Hallen, in denen Apassionata seine Pferdeshow zeigt, haben bis zu 10000 Zuschauer Platz. Mehr als sieben Millionen Besucher kommen in den ersten 15 Jahren. Seit dem Sommer 2018 heißt die Show Cavalluna, nachdem es jahrelang einen erbitterten Rechtsstreit um den Namen gab.

Durch all diese Entwicklungen gerät auch Krone unter Zugzwang und muss sich neu positionieren. Raffinierte Beleuchtung und Pferde – das kann auch Circus Krone bieten: Christel Sembach-Krone lässt in einer Freiheitsdressur zwölf Araberhengste in blau angehauchten Lichtschwaden durch die Manege traben – die Tiere scheinen zu schweben. Ein ähnlicher Effekt ergibt sich, als im 2002er-Winterprogramm 17 Pferde verschiedener Fellfarben präsentiert werden. Unter der Regie von Christel Sembach-Krone laufen schneeweiße Araberhengste, pechschwarze Friesen und goldfarbene Palominos in die Manege und bieten (zusammen mit dem achtköpfigen Krone-Ballett) eine Show

Jana Mandana tritt bereits als junges Mädchen in der Manege auf. Diese Aufnahme stammt ca. aus dem Jahr 2008. Foto: Krone-Archiv

von Gene Reed. Der hat sich einen Namen als Choreograf von Tanzeinlagen in allen großen TV-Spektakeln (etwa für Peter Alexander oder Caterina Valente) gemacht. 19 Nummern umfasst dieses Winterprogramm von Krone – neben den 17 Pferden gibt es eine weitere Attraktion: den Auftritt von drei Elefanten mit Jana Mandana.

MIT DREI JAHREN IN DER MANEGE

Jana Mandana, im Februar 2002 gerade mal 23 Jahre alt, ist der neue Star im Circus Krone. 20 Jahre Zirkuserfahrung hat sie da schon gesammelt: Mit drei Jahren tritt sie zusammen mit Pony Pedro zum ersten Mal im Circus Krone auf – heute ist Jana Mandana nach dem Tod von Christel Sembach-Krone im Jahr 2017 die Chefin des größten Zirkus in Europa, wenn nicht auf der Welt.

Jana Mandana (Mandana ist ihr zweiter Vorname und ihr Künstlername) stammt nicht – wie ihre Vorgängerinnen – aus einer Zirkusfamilie, sie ist dem Zirkus aber von Kindheit an eng verbunden. Zusammen mit ihrer Schwester Nina wächst sie als Tochter zirkusbegeisteter Eltern auf. Der Vater Urs Pilz ist Marketingexperte bei Bogner. Die Mutter Machy (sie stammt aus dem Iran) ist eng befreundet mit Christel Sembach-Krone, die von Jana Mandana mit dem Kosenamen »Mapa« (zusammengezogen aus Mama und Papa) bedacht wird.

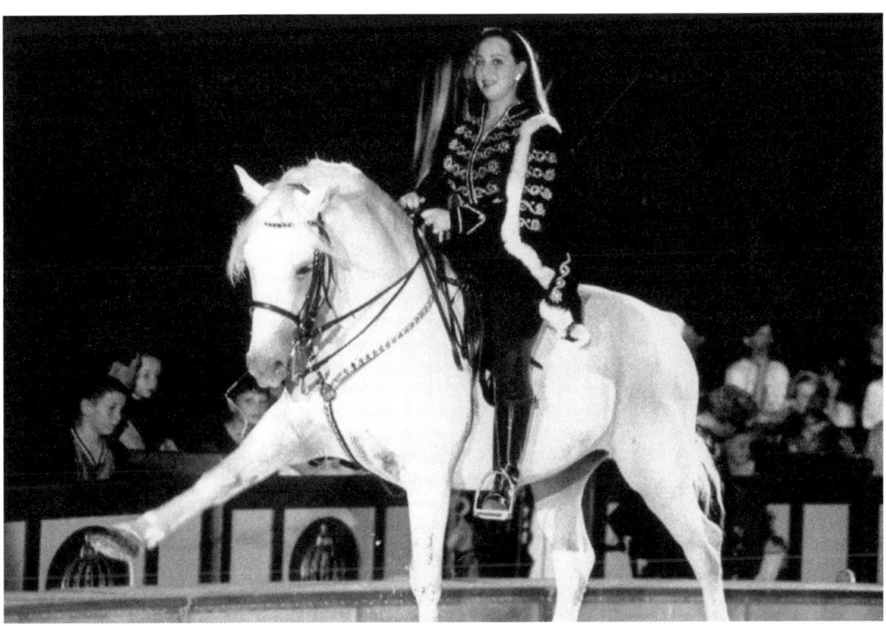

Die Krone-Chefin erkennt bei Jana Mandana schon früh die Leidenschaft für Tiere und bildet das Mädchen als Trainerin für Pferde und Elefanten aus. Mit 15 Jahren reitet Jana Mandana bereits hohe Schule in der Manege, in der Wintersaison 1996/97 präsentiert sie eine Freiheitsdressur mit acht Palominos. 2007 übernimmt sie die Pferdedressur von Christel Sembach-Krone.

Zuvor gibt es in der Vita von Jana entscheidende Veränderungen: Mit 25 wird sie mit Zustimmung der leiblichen Eltern von der kinderlosen Krone-Chefin adoptiert und damit zur Nachfolgerin erkoren. Sie lernt den Tierlehrer Martin Lacey jun. kennen und heiratet ihn 2001.

Lacey (Jahrgang 1977) stammt aus einer britischen Zoo- und Zirkusfamilie. Er arbeitet schon früh mit Raubkatzen und gewinnt beim Zirkusfestival von Monte Carlo als einziger Dompteur der Welt den Silbernen Clown (2000) und den Goldenen Clown (2010 und 2018). 2001 wird Martin Lacey jun. mit seinen mehr als 20 Raubkatzen bei Krone engagiert, bald darauf heiratet er Jana Mandana und leitet mit ihr zusammen den Zirkus. Das Ehepaar bekommt einen Sohn, Alexis Henry Lacey-Krone.

Drei Monate Winterprogramm 2019/2020 mit 450000 Zuschauern im Münchner Krone-Festbau, danach auf Tournee – macht so ein Leben auf Wanderschaft Spaß? »Ich liebe es. Ich freue mich immer darauf, ab April acht Monate auf Tournee zu gehen«, erklärt Jana Mandana in einem Zeitungsinterview. Eine Wanderschaft mit rund 200 Wohn- und Gästewagen (incl. Schulwagen) und einem Teil der Belegschaft – zu Beginn des Jahres 2020 sind es 210, davon 150 feste Mitarbeiter.

»MANDANA«

Die Deutschland-Tournee 2019 präsentiert eine Novität: die Show »Mandana«, die deutlich an Produktionen des Cirque du Soleil erinnert. »Eine Revolution«, meint die ***CircusZeitung*** nach der Premiere. Mit »Mandana« habe sich Circus Krone neu erfunden.

»Mandana« ist ein Märchen: eine Liebesgeschichte, die von Kamelen, Lamas, einem Zebra, Pferden, Raubtieren und bunten Fantasiegestalten begleitet wird. Im Mittelpunkt stehen die Pferdeprinzessin und der Löwenprinz, die in einem prächtigen Palast zusammenfinden. Verkörpert werden sie von Jana Mandana und Martin Lacey. »Circuskunst neu geträumt« – das ist der Anspruch des Direktorenpaars.

Die ***Frankfurter Allgemeine Zeitung*** begrüßt diese Entwicklung: »Jana und Martin Lacey war bewusst, dass sie etwas am Konzept ändern mussten. Zu unbeweglich war Krone geworden, zu routiniert und auch zu groß. Es fiel dem Unternehmen immer schwerer, auf seinen Tourneen das riesige Zelt zu füllen.«

Zum Erfolg von »Mandana« trägt ganz wesentlich der ungarische Regisseur und Choreograf Bence Vagi bei. Dessen Weltklasse lernt das Direktorenpaar 2017 bei der Abschlussgala der Schwimm-WM in Budapest kennen. Jana Mandana und Lacey sind so begeistert, dass sie den Ungarn engagieren. Zwei Jahre dauern die Arbeiten an der Choreografie und der Lichtperformance – dann hat »Mandana« am 4. April 2019 auf der Münchner Theresienwiese Premiere und geht auf Tournee durch ganz Deutschland.

CORONA UND DIE FOLGEN

Im März 2020 legt ein Virus die ganze Welt lahm. Überall müssen Zirkusse wegen der Covid-19-Pandemie schließen. Helmuth Grosscurth, Präsident der Gesellschaft der Circusfreunde, schätzt die Situation im April 2020 so ein: »Die Corona-Pandemie hat insbesondere die deutschen Circusse zum denkbar schlechtesten Zeitpunkt getroffen. Nach dem Winter waren Rücklagen entweder aufgezehrt oder aber in die Ausstattung der neuen Saison investiert. Nun gibt es keine Einnahmen mehr, und das wird wohl auch noch längere Zeit so bleiben.«

Circus Krone erwischt es gleich nach der dritten Premiere des Winterprogramms im März: Die Vorstellungen im Münchner Festbau müssen ab dem 12. März 2020 abgesetzt werden. Außerdem wird das Gastspielzelt mit dem Namen »Der blaue Dom« in Gersthofen bei Augsburg abgebaut, in dem eigentlich die Deutschlandtournee mit der neuen Produktion »Mandana« gerade begonnen hat.

Als wäre all dies nicht schon schlimm genug, fallen im Frühjahr und Sommer 2020 auch noch alle Veranstaltungen aus, die Mieteinnahmen hätten bringen sollen. Konzerte, Kleinkunst, Sportevents – wegen der Ansteckungsgefahr ist nichts dergleichen mehr möglich. Bereits am 16. März 2020 ruft die Bayerische Staatsregierung den Katastrophenfall aus. Nur langsam werden die Verordnungen und Veranstaltungsverbote wieder gelockert.

Die Tiere in München müssen natürlich weiter trainiert und gefüttert werden. Allein für die Tierpfleger und das Futter zahlt Circus Krone nach eigenen Angaben rund 3.000 Euro am Tag.

Gleichzeitig erklärt sich der Zirkus bereit, eigene Hallen mit Waschbecken und Wasseranschluss zur Verfügung zu stellen, sollte die Stadt München Räume als Notquartiere in der Corona-Krise benötigen.

Für seine rund 200 fest angestellten Mitarbeiter meldet das Unternehmen im März Kurzarbeit an. Frank Keller aus der Krone-Führungscrew schafft es in letzter Sekunde, die eigentlich für die Deutschland-Tournee engagierten Artisten nach Hause fliegen zu lassen. Über Facebook melden sich Künstler aus Moskau und Kiew, die die überstürzte Heimreise antreten mussten. Nur 14 Artisten aus der Mongolei bleiben während der Corona-Krise in Wohnwagen von Krone auf dem Marsfeld. Laut Jana Mandana Lacey-Krone fallen »eine halbe Million Euro Kosten im Monat, ohne Einnahmen« an. Martin Lacey ergänzt in einem Interview mit dem Bayerischen Rundfunk: »Wir machen unseren Plan so wie normal, wir machen unseren Tournee-Plan für nächstes Jahr und bleiben positiv.« In einem Interview mit dem ***STERN*** betont Lacey-Krone: »Wir vermissen die Show, auch die Tiere vermissen die Vorstellung, sie sind wie Schauspieler – ihnen fehlt das Publikum.« Ende Mai 2020 sind nur noch 100 Mitarbeiter der Belegschaft bei Krone. Täglich fallen 35.000 Euro an laufenden Kosten an. Lacey-Krone scheint dennoch optimistisch: »Zirkusse, Jahrmärkte und die Kirmes sind immer gut in Krisenzeiten. Ein Zirkus lenkt ab, bringt Familien zusammen und schafft das Gefühl von Normalität.«

Auf der Suche nach neuen Einnahmequellen öffnet Circus Krone im Juli 2020 erstmals seine Weßlinger Farm fürs Publikum. Alexander Lacey, der Bruder des Zirkuschefs, hat sich für die Zeit der Pandemie mit seinen zwölf Löwen und Tigern dort einquartiert. In ruhigeren Zeiten dient das 12 Hektar große Gelände vor allem als Alterssitz für Tiere, die nicht mehr auftreten. Aktuell kann man neben den Raubtieren edle Pferde sehen, denen der Ausflug ins Münchner Umland das Tourneeleben vorerst ersetzen muss. Außerdem gibt es einen Kamelhengst, Esel, Ziegen und zwei Zebras zu bestaunen.

Circus Roncalli ereilt die Corona-Krise in Recklinghausen: Die Generalprobe für die neue Tournee am 12. März geht noch gut über die Bühne – dann kommt der Bürgermeister und verkündet Direktor Bernhard Paul, dass nicht mehr gespielt werden dürfe. 150 Mitarbeiter (Artisten, Musiker u. a.) werden nach Hause geschickt, die Zelte und Requisiten wandern zurück ins Winterquartier. Wie Roncalli und Krone geht es auch allen anderen Zirkussen in Deutschland – sie müssen schließen, auf unbestimmte Zeit. Ralf Huppertz, Vorsitzender des Verbands deutscher Circusunternehmen (VdCU), schätzt die Situation gegenüber der ***Frankfurter Allgemeinen Zeitung*** (***FAZ***) so ein: »Vor allem mittlere und größere Zirkusse sind jetzt bedroht.« Ein größerer Zirkus gibt bis zu 200.000 Euro (Gehälter, Kredite, Rechnungen) vor der Saison aus – die Tageseinnahmen fallen nun aber über Monate weg.

Die kleinen (Familien-)Unternehmen, so Huppertz, könnten sich mit viel Glück und mit Spenden mühsam über die Corona-Krise retten. Ein größerer Zirkus brauche mindestens 50.000 Euro, bis er wieder spielen könne, und ein bis zwei Monate Anlaufzeit, um den Betrieb wieder aufzunehmen.

Roncalli-Chef Paul hofft auf staatliche Hilfe: Zum einen müsse endlich damit Schluss sein, dass Zirkus-uternehmen Gewerbesteuer zahlen müssen – zum anderen hat er eine Vision: »Ich habe die kleine Hoffnung auf einen Marshall-Plan für das Überleben der privatwirtschaftlichen Kultur.«

Um bei den Zirkusfreunden nicht in Vergessenheit zu geraten, postet Krone auf Facebook täglich Fotos und Videos. Virtuelle Zirkuserlebnisse sollen an den realen Zirkus erinnern, wie er einmal war und wie er wieder sein will. Schon am 16. März 2020 postet Krone: »alle Veranstaltungen bis auf Weiteres abgesagt.« Vier Tage später heißt es: »Der Vorhang ist zu, die Lichter sind aus.« Am 21. März gibt das Unternehmen bekannt, dass alle Krone-Artisten aus zehn Ländern »sicher und gesund nach Hause reisen konnten«. Anfang April meldet Krone, die hauseigene Schneiderei, die sonst prachtvolle Kleider herstellt, nähe nun Anti-Corona-Masken. Im Mai beginnt die Aktion »Werden Sie Tier-Pate«. Angeboten werden Patenschaften etwa für den Löwen Baluga (die Jahrespatenschaft kostet 250 Euro), das Pony Coco (20 Euro), das Zebra Mandela (110 Euro), den Esel Bim (50 Euro) und das Nilpferd Poppäa (300 Euro). Zum jeweiligen Foto des Tieres wird eine kleine Geschichte erzählt: So erfährt der potenzielle Pate, dass Poppäa 1966 in Karlsruhe zur Welt und mit fünf Jahren zu Krone kommt, einen Swimmingpool von 57 Quadratmeter hat und seit 2009 nicht mehr auf Reisen geht. Am 20. Juni kündigt Circus Krone Martin Laceys »kommentiertes Training« seiner Raubtiere jeweils am Samstag und Sonntag an. Ob dies ein erster Schritt zu mehr Normalität ist, lässt das Unternehmen offen.

Eine für alle Zirkusfreunde erschreckende Meldung bringt am 30. Juni 2020 ***Deutschlandradio Kultur***: Der Cirque du Soleil hat Insolvenzschutz beantragt und damit das Insolvenzverfahren eingeleitet. Rund 3 480 Mitarbeiter werden entlassen. Mehrere Dutzend Shows hat das Unternehmen aufgrund der Pandemie absagen müssen, darunter auch zwei in Deutschland. Bis Ende August 2020 sind die Vorstellungen momentan abgesetzt, für September 2021 ist eine neue Show in Berlin angekündigt.

Bereits zehn Tage nach der Corona-bedingten Schließung der Zirkusse veröffentlicht die Gesellschaft der Circusfreunde (GCD) einen Appell an die Politik, um für

Unterstützung zu werben. Der Brief richtet sich an die Bundesregierung, an die Landesregierungen und an den Deutschen Städtetag. Unter der Rubrik »Zirkus, Artisten und Tiere in Not!« wird zunächst auf das große Kulturerbe Zirkus in Europa hingewiesen. Wörtlich heißt es: »250 Jahre Kulturerbe sind in Gefahr. Seit Philip Astley 1768 den ersten Zirkus gründete, spielt der Zirkus in der europäischen Kunst und Kultur eine wichtige Rolle. 2005 verabschiedete das Europa-Parlament eine Resolution, der zufolge es wünschenswert wäre, anzuerkennen, dass der klassische Zirkus einschließlich der Präsentation von Tieren Teil der europäischen Kultur ist.« Das Europa-Parlament, daran erinnert die GCD, »rief die Kommission dazu auf, besondere Maßnahmen zu ergreifen, um zu gewährleisten, dass der Zirkus als Teil der europäischen Kultur anerkannt wird, und es forderte die Mitgliedsstaaten, die es noch nicht getan hatten, dazu auf, den Zirkus als Teil der europäischen Kultur anzuerkennen.« Die GCD weist in diesem Zusammenhang darauf hin, dass der Zirkus in den Niederlanden, Ungarn und Finnland auf den UNESCO-Listen des Immateriellen Kulturerbes steht.

Hilfe für die Zirkusse sei dringend notwendig: »Auf sich gestellt, wird der Zirkus in Europa die derzeitige Krise nicht überleben. [...] Es wird Jahre dauern, bis das Massenpublikum zum Zirkus zurückkehrt, selbst wenn die Krise irgendwann vorbei ist. Deshalb sind augenblickliche Hilfe und finanzielle Unterstützung notwendig [...] Eine Wiederaufnahme des Spielbetriebes wird nur mit einer entsprechend umfangreichen Anschubfinanzierung möglich sein.« Die Circusfreunde fordern deshalb von der deutschen Regierung »Notfallhilfe in Gestalt von Stundung von Steuern und laufenden Verbindlichkeiten, Steuererleichterungen und Liquiditätsunterstützung für Zirkusse in Not«. Weiter heißt es: »Die Gesellschaft der Circusfreunde ruft die politischen Entscheidungsträger auf kommunaler, Landes- und Bundesebene auf, die Zirkusse und deren Artisten nicht zu vergessen, die tagtäglich Millionen von Besuchern Glück und Freude bereiten möchten.«

STICHWORT 16
ZIRKUSELEFANTEN – BALD NUR NOCH IM WAPPEN?

27 Elefanten in einem einzigen Zirkus, bei Krone: Das ist 1931 die größte Herde Europas. Begonnen hat es 1886 mit Pluto. 1914 sind es schon zwölf Elefanten. Der Wettstreit mit Sarrasani lässt die Zahl nach oben schnellen. Angeführt wird die 27-köpfige Krone-Herde von Assam. Charlie, Del-

phi und Löcky stehen Assam zur Seite. Sie alle haben stattliche Maße, sind 3,10 Meter hoch und 120 Zentner schwer.

Der Elefant ist das Wappentier des Circus Krone. Er gilt als stark, intelligent, würdevoll. Außerdem ist er werbewirksam. Trotz seiner imposanten Erscheinung wirkt er friedlich und gelassen. Nach den Recherchen von Elefanten-Schutz Europa e. V. gab es zwischen 1886 und 2020 insgesamt 66 Elefanten bei Krone; 58 kamen aus Asien, acht aus Afrika. Von 34 Tieren ist bekannt, dass sie im Circus Krone verstarben, 19 wurden abgegeben, fünf befinden sich derzeit in **einer »Seniorenresidenz« in der Nähe von Sevilla.**

Elefanten im Zirkus werden immer seltener. Nach Erhebungen von Elefanten-Schutz Europa gibt es zum 31. Dezember 2019 noch 41 Tiere in deutschen Unternehmen. Davon werden elf bereits dauerhaft stationär gehalten und weitere sieben nur noch gelegentlich zu kürzeren Gastspielen oder Einzelveranstaltungen vermietet und auf Reisen geschickt. Nur 23 Elefanten gehen noch regelmäßig auf Tournee.

Das Durchschnittsalter der asiatischen Elefanten in deutschen Zirkussen beträgt derzeit 51 Jahre. Die jüngsten sind jetzt 45 Jahre. Insofern ist die Wahrscheinlichkeit sehr groß, dass die Mehrzahl der asiatischen Zirkuselefanten in zehn Jahren nicht mehr leben wird.

STICHWORT 17
WILDTIERE IM ZIRKUS

Das liest sich eindeutig: »Manche Tierarten haben in der Manege nichts zu suchen.« Das erklärt das Bundesministerium für Ernährung und Landwirtschaft. Und weiter heißt es in der Presseerklärung vom Mai 2020: »Bestimmte Wildtiere, wie etwa Giraffen, gehören nicht in den Zirkus. Deswegen plant Bundesministerin Julia Klöckner den Einstieg in den Ausstieg einiger Tierarten im Zirkus in die Wege zu leiten.« Schon dreimal hat der Bundesrat von der Bundesregierung ein Verbot der Wildtiere im Zirkus gefordert – die jüngste Initiative datiert von 2016. Passiert ist bisher nichts. Zirkusunternehmen mit Wildtieren haben offenbar eine starke Lobby in Berlin. Dazu zählen der Ex-CDU-Fraktionsvorsitzende Volker Kauder oder der tierschutzpolitische Sprecher der Union, Dieter Stier.

Elefanten in deutschen Zirkussen (siehe auch Stichwort 16) sind eine aussterbende Spezies – aus Indien oder Afrika kann kein Nachschub erfolgen. Beide Elefantenarten sind im Washingtoner Artenschutzabkommen als bedrohte Tiere eingestuft. Seit 1975 darf mit Wildfängen und deren erster Nachzuchtgeneration nicht mehr kommerziell gehandelt werden. Zum Thema Raubkatzen argumentiert der Verband der Tierlehrer, Löwen und Tiger seien allesamt nicht in der Wildnis gefangen, sondern in hiesigen Zoos oder Safari-Parks nachgezogen worden. Martin Lacey, Raubtier-Dompteur bei Krone, trainiert seine 26 Löwen und Tiger jeden Tag. Wenn sie nicht in der Manege sind, ist ihr Platz während der Tournee im Zaungehege. »Scheinbar gelangweilt liegen sie zwischen Holzkisten, gähnen und wälzen sich im Sägemehl.« Und weiter heißt es in der Reportage des Deutschlandfunks: »Hier sind sie geboren, aufgewachsen, haben ihr ganzes Leben verbracht. Sie kennen nichts anderes.«

CIRCUS KRONE

II. Programm

01. Februar – 29. Februar 2008

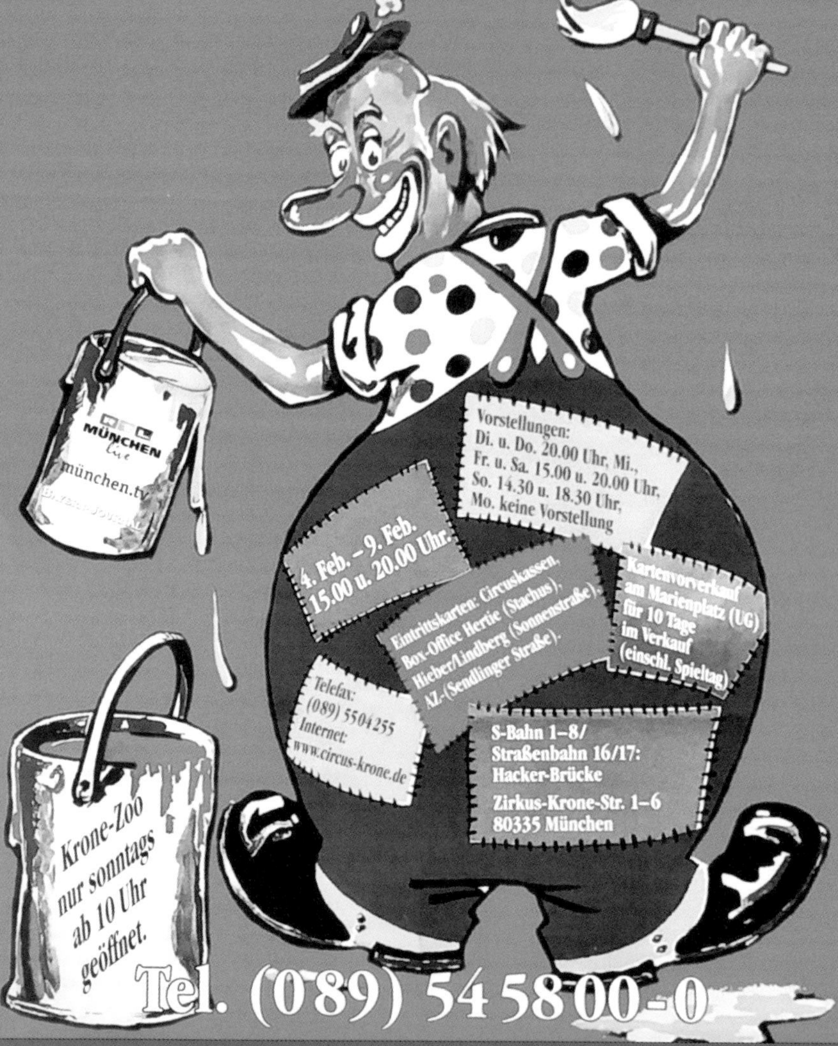

KAPITEL 9

ZIRKUS AUF NEUEN WEGEN

»Ihr wollt uns unterstützen? Das ist toll und sehr wichtig für uns. Merci beaucoup«, heißt es auf der Homepage des Cirque Bouffon. Auch er muss im März 2020 schließen. Am 1. April sollte eigentlich die Tournee durch Deutschland beginnen, erste Station wäre Gelsenkirchen gewesen. Gutschein-Tickets für spätere Vorstellungen sollen aus dem Corona-Desaster helfen. Wann man sie einlösen kann, bleibt offen.

Dabei ist der französische Zirkus mit so viel Hoffnung und Elan in die neue Saison gestartet. Die Compagnie ist ein Teil des neuen Zirkustrends: Sie beruft sich auf den Nouveau Cirque, der in den 70er-Jahren des 20. Jahrhunderts entsteht und die Zirkuswelt umkrempelt. Prominentestes Beispiel für den Cirque Nouveau (oder auch Nouveau Cirque) ist der Cirque du Soleil (siehe Kapitel 8), doch es gibt auch andere, kleinere Vertreter wie etwa den Cirque Bouffon.

Der Cirque Bouffon wird im Jahr 1999 von Frédéric Zipperlin und Anja Krips gegründet. Zipperlin, ehemaliges Mitglied des Cirque du Soleil, realisiert mit seiner Compagnie eine neue Kombination aus Artistik und Theater und folgt damit der Philosophie des Cirque Nouveau. Der hat seinen Ursprung in Frankreich und anderen französischsprachigen Ländern wie Kanada. Er lässt viele Zirkusschulen, z. B. in Paris oder Rotterdam, entstehen und sieht die Tierdressur des traditionellen Zirkus zunehmend kritisch.

Unterschiede zwischen herkömmlichen Unternehmen und dem Cirque Nouveau lassen sich auch in der Programmgestaltung ausmachen: Während im traditionellen Zirkus einzelne, lose aneinandergereihte, spektakuläre Darbietungen überwie-

Eines der typischen Krone-Plakate, wie sie etwa im Jahr 2008 üblich waren. Foto: Archiv Enzinger

gen, versucht der Cirque Nouveau, eine Geschichte zu erzählen. Er will eine neue Form der darstellenden Kunst präsentieren. Die Artistik soll kein Selbstzweck mehr sein, sondern in die Geschichte eingebunden werden.

Die traditionellen Zirkuskapellen heizen mit Tuschs, Walzern oder Märschen die Stimmung des Publikums an. Der Cirque Nouveau dagegen untermalt mit seinen InstrumentalistInnen oder auch SängerInnen die Handlung atmosphärisch und charakterisiert die einzelnen DarstellerInnen.

CIRQUE NOUVEAU UND NEUER ZIRKUS

Die neue Rolle der Musik im Cirque Buffon beschreibt die ***Frankfurter Allgemeine Zeitung*** im Jahr 2018 so: »Die Musik wurde von Sergej Sweschinski (Ukraine) eigens für die Show komponiert. Er selbst spielt den Kontrabass und wird von Ewa Timingeriu (Polen) an der Klarinette, Adam Tomaszewski (Polen) am Schlagzeug und Sergey Lukashov (Ukraine) am Akkordeon unterstützt. Die Livemusik ist ein wesentlicher Bestandteil der Aufführung und wird immer wieder in den Handlungsstrang eingebunden.« Hier zeigt sich ein deutlicher Kontrast zu traditionellen Zirkuskapellen, deren Musik auf Tournee oft nicht einmal live erklingt.

Immer wieder wird beim Thema Cirque Nouveau die Frage aufgeworfen, ob dieser nicht mit den Pantomimen (siehe auch Kapitel 3 und Stichwort 7) der klassischen Zirkusse verglichen werden könne. Die Pantomime, die um die Jahrhundertwende bis in die 20er Jahre des 20. Jahrhunderts populär ist, zeichnet oft ein gigantischer technischer Aufwand (z. B. bei Wasserpantomimen) aus. Beim Cirque du Soleil sind da durchaus Parallelen zu finden.

Ob die aktuellen, kleineren Compagnien Gemeinsamkeiten mit den historischen Pantomimen haben, scheint fraglich – schließlich setzten die vorrangig auf Pomp, Kitsch und Überwältigung der Zuschauer. Das ist wohl nicht die eigentliche Intention des Cirque Nouveau.

Der Cirque Nouveau findet Nachahmer in Belgien, Schweden oder Kanada, inspiriert aber auch seit circa zehn Jahren Akteure in Deutschland.

So erzählt Krone in seiner Produktion »Mandana« (2019/2020) eine durchgehende Geschichte, hat ein Bühnenbild und wahrt Distanz zum reinen Nummern-Programm.

Der deutsche neue Zirkus oder zeitgenössische Zirkus hat es allerdings im Vergleich zum französischen Cirque Nouveau ungleich schwerer. Hier fehlen Ausbildungsstätten und förderpolitische Maßnahmen. Frankreich kann mittlerweile mit rund 500 Compagnien (Stand: 2018) aufwarten, von denen mehr als 50 Prozent Kulturfördergelder erhalten und in festen Häusern spielen.

Damit sind zwei Punkte genannt, die auf der Wunschliste des deutschen neuen bzw. zeitgenössischen Zirkus stehen. Ganz oben auf dem Wunschzettel rangiert allerdings diese Forderung: die Anerkennung des Zirkus als zeitgenössische Kunst, gleichrangig mit neuer Musik und modernem Tanz.

Um die Interessen der Akteure des neuen Genres zu bündeln und nach außen zu vertreten, gründet sich in Deutschland im Jahr 2011 der Bundesverband Zeitgenössischer Zirkus (BUZZ), dem mittlerweile Arbeitsgruppen in Berlin, Hamburg, Köln, München, Essen, Leipzig, Darmstadt und Freiburg angehören.

In diesen »Städtepolen« veranstaltet er regelmäßige Vernetzungstreffen, fungiert als Ansprechpartner der lokalen Akteure und bringt diese an einen Tisch. BUZZ erarbeitet Konzepte und Positionspapiere zur Situation des zeitgenössischen Zirkus (siehe auch www.bundesverband-zeitgenoessischer-zirkus.de). Langfristiges Ziel ist die bundesweite Anerkennung des Genres zeitgenössischer Zirkus als Kunstform. Erste BUZZ-Vorsitzende ist Jenny Patschovsky (siehe unten: Tradition und neue Wege).

Der wohl prominenteste Fürsprecher des neuen Zirkus dürfte Thomas Oberender sein, seit 2012 Intendant der Berliner Festspiele, zuvor von 2006 bis 2011 Schauspieldirektor bei den Salzburger Festspielen. Schon 2017 lobt er in einem Aufsatz den Zirkus ganz generell als progressives Medium: »Zirkus ist die demokratischste Kunst, weil sie nicht komplett verbürgerlicht ist.« Zirkus erzähle vom Gelingen, Theater vom Scheitern. Zirkus sei volksnah, inklusiv und freundlich. Diese Vorzüge mache sich auch der neue Zirkus zu eigen, den Oberender ins Theater integrieren will: »Ich fände es toll, wenn der zeitgenössische Zirkus ins Repertoire der großen Stadttheater einzieht.« Thomas Oberender hat mit dieser Forderung ernst gemacht: Zirkus ist mittlerweile fester Bestandteil seiner Berliner Festspiele, gehört zum Programm des berühmten Berliner Theatertreffens.

EIGENE SPIELSTÄTTE IN BERLIN

In Berlin hat das neue Genre Fürsprecher und Spielstätten: Das Theater »Chamäleon« preist sich selbst als einzige Bühne im deutschsprachigen Raum, die ausschließlich neuen Zirkus zeigt. Damit sei es »Vorreiter, Förderer und Wegbereiter des Zeitgenössischen Zirkus in Deutschland und Europa«. Seit 2020 wird das »Chamäleon« mit 20000 Euro jährlich vom Berliner Senat gefördert. Unterstützt wird auch das »Berlin Circus Festival«, das seit 2015 jährlich stattfindet und neuen Zirkus bietet.

In München dagegen gewinnt der neue Zirkus nur zögerlich Raum und erhält eher magere Unterstützung: Nach Auskunft des Kulturreferats gibt es in der Landeshauptstadt »40 bis 50 Akteure«. Für 2020 gebe es eine »kleine Anschubfinanzierung«. Und weiter heißt es im Kulturreferat: »Wir planen ab 2021 den zeitgenössischen Zirkus in das Fördermodell aktueller darstellender Kunst aufzunehmen.«

Artistik und Akrobatik finden in München also nicht nur bei Krone statt, sondern auch auf kleinen Theaterbühnen (Zirkus muss nicht immer im Zelt sein), im Varieté GOP oder bei Schubecks kulinarischem Teatro. Während in München traditionsgemäß die Zirkussaison am ersten Weihnachtsfeiertag im Festbau von Krone beginnt, gibt es mittlerweile in mindestens 25 deutschen Städten sogenannte Weihnachtszirkusse. Schwerpunkt dieser neuen Szene ist Stuttgart. Der Weltweihnachtscircus dort ist die größte Zirkusveranstaltung in Deutschland. Er findet seit dem Winter 1993/94 jedes Jahr auf dem Cannstatter Wasen statt. Über einen Zeitraum von ungefähr einem Monat werden in einem großen Zirkuszelt mit ca. 2 500 Plätzen rund 60 Vorstellungen gegeben.

Die Zukunft des deutschen Zirkus sei hier von jeweils einem Protagonisten des traditionellen Zirkus und des neuen dargestellt; die beiden sind von der Verfasserin dieses Buches gebeten worden, auf einer DIN-A4-Seite ein Statement abzugeben. Zu Wort melden sich Prof. Dr. Heinz Stoffregen vom Vorstand des Marburger Circus-, Varieté- und Artistenarchivs sowie Jenny Patschovsky, die Vorsitzende des Bundesverbands Zeitgenössischer Zirkus (BUZZ).

TRADITION UND NEUE WEGE

Prof. Dr. Heinz Stoffregen: Ein gutes Management

»Der klassische deutsche Circus mit den Wurzeln Kunstreitergesellschaften (Renz, Schumann, Busch, Althoff) und Menagerie (Hagenbeck, Krone) hatte als Standardprogramm Pferdenummern, Zur-Schau-Stellung von Exoten, Tierdressuren, vielfältige Artistik und Clowns – das Ganze musikalisch begleitet von einem Orchester. Es war eine Art Universalcircus, aus dem die Exoten inzwischen verschwunden sind. Später kamen hinzu Spezialcircusse wie FlicFlac (ohne Manege und Tiere mit technisch aufwendigen Stunts), Cirque du Soleil (Artistik programmatisch näher beim Varieté) und die Pferdeschauen von Pferdepalast bis Apassionata (Back to the roots? Nach 250 Jahren lässt Philipp Astley grüßen!) und Circusse des Horrors, die jeweils begeisterte Zuschauer fanden. Als feste Veranstaltungen gibt es als neuere Entwicklungen die beliebten Weihnachtscircusse, von Familiencircussen Projekte in Grundschulen sowie Kinder- und Jugendcircusse (wie Zabaioni in Tübingen, der mich jedes Jahr begeistert). Für alle diese Bereiche besteht weiterer Bedarf und damit Wachstumspotenzial und Erfolgs-Chancen. Da in all diesen Bereichen Circusse erfolgreich sind, schließe ich, dass der Erfolg eines Circusses nicht abhängt vom Konzept oder Programm, das er anbietet, sondern vor allem von der Qualität des Managements, das eine optimale Organisations- und Finanzstruktur schaffen muss und das Produkt effizient vermarktet. Probleme ergeben sich aus Fehlern des Managements oder fehlendem Führungsnachwuchs. Gut geleitete Circusse werden auch in Zukunft ein erfolgreicher Teil der deutschen Kulturlandschaft sein. Schließlich ist im Hinblick auf zukünftigen Erfolge von Circussen erwähnenswert das neueste Programm Mandana von Krone, das auf der Grenze zwischen Circus und Theater bzw. Film angesiedelt wurde: Der Manege wird eine Bühne als Spielort hinzugefügt, die Artisten und Tiere mit ihren einzelnen Auftritten werden nicht mehr als eigenständige Akteure im Programm eines Nummern-Circus gesehen, sondern in ein eigens für diesen Circus ausgearbeitetes Drehbuch als Handelnde eingepasst. Erkennbar wird das Wirken eines Theater-Regisseurs in der Gestaltung der Vorstellung. Eine solche Neuerung hat natürlich ihr Pro und Contra: Sie wird von einigen Freunden des ›klassischen‹ Circus als Abwendung von dessen Prinzipien kritisch bewertet, von anderen als zukunftsweisend begeistert kommentiert.« (April 2020)

Jenny Patschovsky: Zirkus heute – Schauen ist Kraft

»Zirkus in Deutschland hat heute viele Gesichter. Der ›zeitgenössische Zirkus‹, der sich als ›Nouveau Cirque‹ in Frankreich in den späten 1960er-/70er-Jahren entwickelt hat, ist eines davon. Seit etwa zehn Jahren kann er sich auch in Deutschland zunehmend als eigenständige Kunstform etablieren: Es wächst die Zahl der Zirkus-Festivals, der großen deutschen Zirkus-Eigenproduktionen und staatlich anerkannten Ausbildungsstätten. Der zeitgenössische Zirkus wird zum Gegenstand wissenschaftlicher Forschung und es existiert ein eigenes Förderprogramm speziell für Zirkus-ArtistInnen, initiiert vom ›Bundesverband Zeitgenössischer Zirkus e. V.‹. Der zeitgenössische Zirkus hat ein enormes künstlerisches und ein besonderes gesellschaftliches Potenzial: Er ist innovativ und experimentell, im Zentrum stehen die ständige Recherche und die Erforschung der eigenen Form. Die Kontrolle über das Objekt, die Partizipation des Publikums, der Aufführungsort sowie Geschlechterrollen und Körperbilder unterliegen einer kompletten Neubewertung. Daneben ist er offen und adaptiv für andere Ausdrucksformen – Elemente aus Theater, Tanz, Musik, Performance-Kunst und den neuen Medien fließen in die Stücke mit ein. Sein besonderes gesellschaftliches Potenzial schöpft der Zirkus – egal, welcher Art, ob traditionell, klassisch oder modern – aus der realen Begegnung von Körpern. Es gibt keine vierte Wand, alles geschieht in Echtzeit, im Hier und Jetzt. Die im Zirkus existierende Gefahr und das hohe Maß an Realität, welches in den Körperaktionen steckt, erzeugen ein unmittelbares Gefühl beim Zuschauer, die körperliche Spannung wird auf das Publikum übertragen. Diese Live-Situation ist durch kein digitales Angebot ersetzbar. Zirkus als ein transformatives soziales Ereignis, bei dem im physischen Miteinander kollektive Erfahrungen gebildet werden, wird gerade in der heutigen Zeit essenziell in einer Gesellschaft, die sich immer mehr digitalisiert, isoliert und un-körperlich wird.« (Mai 2020)

STICHWORT 18
PFERDE

Der Geruch nach Pferd und Sägemehl: ein süchtig machender Duft. Er strömt aus der Manege hinein in das Zirkuszelt. Auf gestampftem Lehm liegt eine Schicht Sägemehl, verteilt in einem Rund von 13 Metern Durchmesser. Weich gepolstert laufen die Pferde im Kreis, seit 250 Jahren. Seit 250 Jahren traben und galoppieren sie durch die Manege, auf ihrem Rücken wagemutige Artisten oder gestrenge Reiter der hohen Schule. Mit Pferden und Kunstreitern beginnt die Geschichte des modernen Zirkus, sie prägen und dominieren das Programm.

Pferde sind der Stolz, das Aushängeschild eines jeden Zirkusunternehmens: Renz rühmt sich im Jahr 1890, er habe 235 Pferde, von denen einzelne 10 000 Mark gekostet hätten.

Die Menagerie von Carl Krone besitzt zunächst kein einziges Pferd, doch der Aufstieg ist rasant: Ende der 1920er-Jahre hat Circus Krone 215 Pferde, 1932 sind es 250.

Schon gegen Ende des 19. Jahrhunderts verlieren Pferde jedoch an Bedeutung im Zirkusprogramm. 1928 klagt August Kober, ein Weggefährte von Hans-Stosch Sarrasani und Carl Krone: »Heute wundern sich die Leute, die einen Zirkusstall durchschreiten, dass dort außer Elefanten, Löwen, Tigern,

Bären auch noch Pferde stehen. Im Zeitalter des Automobils ist das Pferd nicht mehr populär.«

Circus Krone hat im Jahr 2020 noch 46 Pferde; einige davon treten im »hippologischen Schaubild« auf, zusammen mit Kamelen, Zebras oder Lamas. Im aktuellen Programm »Mandana« kommen die Pferde zu Ehren. Erinnerungen an große Freiheitsdressuren von Christel Sembach-Krone werden wach, wenn Pferde in verschiedenen Zügen (Kombinationen) durch die illuminierte Manege traben und den Eindruck erwecken, dass sie aus Wolken emporsteigen.

STICHWORT 19
ZIRKUS IN MÜNCHEN VOR 200 JAHREN

»In der großen runden Bude rechts« – so weisen die Münchner im Jahr 1825 einander den Weg zum Zirkus. Die »runde Bude« steht neben dem »Karlsthore« (also am heutigen Stachus) und nennt sich »Circus gymnasticus«. Sechs Jahre später ist in München erneut ein Zirkus zu Gast – diesmal die Kunstreiter-Gesellschaft der »Herren Direktoren J. Golz und G. Liebhard«. Die beiden treten ebenfalls in einer »eigens dazu erbauten Bude vor dem Karlsthore« auf und bieten Kunstreiterei, Trampolinspringen, Herkulesstärke und Pantomimen. Golz und Liebhard bereisen – das belegen Kunstreiterzettel und Annoncen in den Zeitungen – auch Städte wie Karlsruhe oder Augsburg. Angepriesen wird auf den Plakaten u.a. »der große Ritt des Cäsar auf den drei nebeneinander laufenden Pferden ohne Sattel und Zaum, bei welchem sich Herr Anton Liebhard mit größtem Fleiße auszuzeichnen bemühen wird«. Außerdem gibt es den »großen Trampolin-Sprung über 8 Pferde« zu bewundern. Bei einem weiteren Münchner Gastspiel wirbt die Kunstreiter-Gesellschaft für die Pantomime »Udo der Stählerne«. Die Handlung wird ausführlich beschrieben: »Udo und Clothilde, beide zu Pferde, sind auf der Jagd in Begleitung ihres Schildknappens: Sie verfehlen den Weg und kommen in das Gebiet des rothen Riesens. Hier äußert Clothilde ihre Müdigkeit und Udo entschließt sich, mit ihr auszuruhen. Der Schildknappe, beauftragt einen Ruheplatz zu suchen, entdeckt ein Gefängnis des Riesen und warnt daher seinen Herrn.« Gefahren drohen allerorten, aber alles endet gut: Udo bezwingt im Kampf den Riesen (währenddessen erstrahlt ein »Brillant-Feuerwerk«) und »rettet glücklich seine Geliebte«. Eintritt: erster Platz 25 Kreuzer, dritter Platz: 8 Kreuzer.

INTERVIEW MIT JANA MANDANA LACEY-KRONE (APRIL 2020)

Mit Pferden und Kunstreitern beginnt die Historie des Zirkus vor rund 250 Jahren – was ist heute noch davon übrig? Wie viele und welche Pferde hat Circus Krone noch im Marstall, wie viele treten noch auf und wie viele sind in Weßling?
Jana Mandana Lacey-Krone: 46 Pferde und Ponys, u. a. Lippizaner, Araber, Españols, Noniusse, Cremellos, Friesen. In Weßling sind zehn Pferde, sie sind an die 35 Jahre alt.

Wie viel Raum nehmen Pferdedressuren im Zirkusprogramm noch ein? Gibt es noch hohe Schule? Gibt es noch Freiheitsdressur? Wie lange wird es noch Pferde im Zirkus geben?
Lacey-Krone: In jedem Programm gibt es Freiheitsdressuren und auch eine hohe Schule. Pferde wird es im Zirkus immer geben. Schließlich begann der Zirkus mit den Pferden.

Nur der traditionelle Zirkus hat diese Gerüche und diese Geräusche, den Geruch nach Sägemehl und das Geräusch von schnaubenden Pferden. Roncalli zeigt mittlerweile keine Pferde mehr, sondern Hologramme. Ist das auch die Zukunft bei Circus Krone?
Lacey-Krone: Zum klassischen, traditionellen Zirkus gehören Tiere, Artisten und Clowns. Alles andere ist Varieté, Theater oder Kino. Also für uns ist das keine Zukunft, denn unser Publikum erwartet diese drei Elemente bei uns und wir möchten unser Publikum auf keinen Fall enttäuschen. Das macht den Circus Krone aus und deshalb ist er auch bereits über 100 Jahre alt.

Wildtiere im Zirkus – ein strittiges Thema. Wo sehen Sie die Probleme? In Deutschland verbieten immer mehr Städte den Auftritt von Wildtieren – ist das für Circus Krone ein Warnsignal?
Lacey-Krone: Kommunale Wildtierverbote verstoßen gegen die im Grundgesetz festgeschriebene Berufsfreiheit. Das haben wir in mehreren gewonnenen Prozessen bereits feststellen lassen.

Oder sind es die Tierschützer, die Krone das Leben schwer machen?
Lacey-Krone: Wir sind die größten Tierschützer, denn schließlich machen wir alles für unsere Tiere. Die Demonstranten sind Tierrechtler, die die Haltung von Tieren in menschlicher Obhut generell ablehnen. Sei es im Zoo, Zirkus oder im privaten Haushalt.

Fühlen Sie sich zu Unrecht von Tierschützern attackiert?
Lacey-Krone: Die Tierrechtler demonstrieren gegen etwas, das sie nicht kennen. Und dies zeigt keine Seriosität.

Das Programm von traditionellen Zirkussen wie Krone wird seit Jahrzehnten von Nummern mit Artisten, Clowns und Tieren geprägt. Der Cirque Nouveau (und auch der Cirque du Soleil) will vor allem Geschichten erzählen. Ist Ihr neues Programm »Mandana« ein Schritt hin zum Cirque Nouveau?
Lacey-Krone: Kaum ein Zirkus hat eine so bewegte Geschichte wie der Circus Krone. Und diese Geschichte wird im Programm »Mandana« erzählt.

Wie sieht das Zirkusprogramm der Zukunft bei Krone aus?
Lacey-Krone: Das hohe Niveau wird immer bestehen bleiben. Und die vielen Variationen ebenso. Das erwartet unser Publikum von uns.

Können Sie sich Kooperationen mit dem Theater oder dem Tanz vorstellen?
Lacey-Krone: Seit vielen Jahrzehnten hat der Circus Krone immer wieder ausgebildete Balletttänzerinnen und -tänzer in seinen Programmen gezeigt.

Wollen Sie weiter auf Tournee gehen und im Winter in München auftreten?
Lacey-Krone: Ja, von März bis November gehen wir auf Tournee und im Winter präsentieren wir unsere drei komplett verschiedenen internationalen Zirkusprogramme im monatlichen Wechsel.

Corona war und ist eine Katastrophe für alle Zirkusse. Wie hart hat das Virus den Circus Krone getroffen?

Lacey-Krone: Wir haben keinerlei Einkünfte. Der Tourneebetrieb musste eingestellt werden. Ebenso das dritte Programm im Gebäude. Und die Veranstaltungen im Sommer im Krone-Gebäude sind ebenso abgesagt.

Erwarten Sie von staatlichen Stellen finanzielle Unterstützung?
Lacey-Krone: Das wünschen wir uns sehr. Denn der Zirkus ist für uns die einzige kulturelle Veranstaltungsform für die ganze Familie und somit absolut zu unterstützen und zu erhalten.

Ist ein Zirkus mit 1,5 Meter Abstand im Publikum denkbar?
Lacey-Krone: Ja, absolut. Wir haben eine große Platzkapazität und können den gebotenen Abstand ohne Weiteres gewährleisten.

Wird es ein Zirkussterben geben, wie man es schon in den 1960er-Jahren beklagt hat?
Lacey-Krone: Den guten und seriösen Zirkus wird es immer geben.

KRONE-CHRONIK

1870/1871	Deutsch-Französischer Krieg/Gründung des Deutschen Reichs
1870	Geburt von Carl Krone jun. in Osnabrück. Die Eltern: Carl Krone sen. und Friederike Philadelphia. Die Geschwister: mehrere Brüder und Schwestern, u. a. Fritz
1872	Carl Krone sen. baut die »Menagerie Continental« auf
1874	Carl Krone jun. erstmals unter Wölfen als »lebende Barriere«
1876	Carl Krone kommt in Berlin in die Schule.
1882	Bruder Fritz wird von einem Bären tödlich verletzt, Carl geht zum Vater zurück.
1886	Die Menagerie Continental schafft sich den Elefanten Pluto an.
1890	Anschaffung von vier Junglöwen, die »Monsieur Charles« (Carl Krone jun.) dressiert
1892	Zentralkäfig mit Laufgittern; Carl Krone jun. studiert den »Löwen zu Pferde« ein.
1900	Tod von Carl Krone sen., er hinterlässt 24000 Mark Schulden
1902	Carl heiratet Ida Ahlers, die Tochter des Affentheater-Besitzers Benoit Ahlers/Gastspiel beim Münchner Oktoberfest
1903	Umbenennung der Menagerie Continental in »Dompteur Charles weltberühmte Wander-Menagerie und beste Raubtier-Dressur-Schaustellung der Welt«/Gastspiel mit zwei Zelten auf dem Bremer Freimarkt
1904	Ida Krone dressiert und führt bis zu 24 Löwen vor und nennt sich »Miss Charles«.
1905	Umbenennung in Circus Charles/Gastspiel in Bremen in einem 36-Meter-Zelt/Tournee durch Dänemark
1909	Circus Charles schafft sich ein Zelt mit 4 000 Sitzplätzen an.
1913	Beginn einer Tournee durch Frankreich, die in Lille mit einem Defizit endet.
1914–1918	Erster Weltkrieg
1914	Den Kriegsbeginn erlebt Krone in Laibach/nächste Station: Wien
1914	Carl Krone benennt den Circus Charles in Wien in Circus Krone um

1919 Krone erlebt das Kriegsende in Magdeburg/auf dem Münchner Marsfeld entsteht der erste sog. Festbau des Circus Krone/Eröffnung: Mai 1919

1921 Premiere der dreijährigen Italien-Tournee in Verona

1924 Premiere des »Drei-Manegen- und Zwei-Bühnen-Circus« mit 8 000 Sitzplätzen mit bis zu 126 verschiedenen, gleichzeitig gezeigten Nummern/in der Tierschau sind 683 Tiere zu sehen (darunter 50 Tiger).

1928 Einweihung des 10000-Personen-Zelts mit 650 Tieren, darunter 27 Elefanten/zum Circus Krone zählen jetzt 1000 Mitarbeiter.

1929 Wechsel vom Drei-Manegen-Circus zum »Riesen-Rennbahn-Circus«

1930 Gastspiele in Wien, Budapest, Barcelona, Marseille, Lyon, Toulouse und Montpellier

1931 Gastspiel u. a. in Berlin, vier Wochen ausverkauftes Haus

1939–1945 Zweiter Weltkrieg

1943 Am 4. Juni stirbt Carl Krone in Salzburg/Krone beendet seine Tourneen im Zeltzirkus

1944 Bei einem Luftangriff wird der Krone-Festbau zerstört/Personal und Tiere werden nach Weßling evakuiert.

1945 An Weihnachten wird der neu errichtete Krone-Festbau eröffnet.

1946 Entnazifizierungsverfahren gegen Carl Krone und Carl Sembach (in beiden Verfahren werden Krone und Sembach entlastet)/Helmut Büttner und Oskar Hoppe übernehmen als Treuhänder die Leitung des Zirkus.

1948 Ida Krone führt wieder den Zirkus/Krone geht als Menagerie auf das Oktoberfest/»München spielt auf« im Festbau

1948 Währungsreform

1949 Erste Zelttournee nach dem Zweiten Weltkrieg

1957 Ida Krone stirbt in München.

1962 Eröffnung des dritten Circus-Krone-Baus

1967 Umbenennung der an das Marsfeld angrenzenden Straße in Zirkus-Krone-Straße

1984 Carl Sembach stirbt im Alter von 75 Jahren.

1995 Frieda Sembach-Krone stirbt im Alter von 80 Jahren.

2017 Christel Sembach-Krone stirbt nach langer schwerer Krankheit/Jana Lacey-Krone übernimmt die Leitung das Circus Krone.

2019 Circus Krone zieht mit der neuen Produktion »Mandana« durch ganz Deutschland.

2020 Im März muss Circus Krone – wie alle Zirkusse weltweit – wegen der Corona-Pandemie schließen. Er bereitet sich auf eine Wiedereröffnung im Herbst vor.

Im Winter 2020/21 feiert Circus Krone seinen 115. Geburtstag (unter diesem Namen), das Familienunternehmen Krone steuert 2022 noch ein großes Jubiläum an: Es wird 150 Jahre alt.

LITERATURVERZEICHNIS

Neben Akten aus dem Münchner Stadtarchiv und dem Münchner Staatsarchiv (Spruchkammerverfahren, Staatsarchiv München SpkA K 970 Krone Carl) wurde folgende Literatur verwendet:

Standardwerke der Zirkusgeschichtsschreibung

Bauer, Helmut: Non plus ultra, Circuskunst, München 2009.

Bose, Günther und Brinkmann, Erich: Circus, Geschichte und Ästhetik einer niederen Kunst, Berlin 1978.

Günther, Ernst und Winkler, Dietmar: Zirkusgeschichte, Berlin 1986.

Hagedorn, Joseph: Das Buch vom Zirkus, Leipzig 1990.

Kirschnick, Sylke: Manege frei, die Kulturgeschichte des Zirkus, Berlin 2012.

Kusnezow, Jewgeni: Der Zirkus der Welt, Berlin 1970.

Lehmann, Rolf: Circus, Magie der Manege, Hamburg 1979.

Merkert, Jörn: Zirkus Circus Cirque, Berlin 1978.

Schulz, Karin und Ehlert, Holger: Das Circus-Lexikon, Nördlingen 1988.

Literatur zum Circus Krone

Bauer, Helmut und Bemberg, Benita: Circus Krone, München 2013.

Berg, Henk van den: Krone im Bild, Holland, 2012 und 2016.

Kürschner, Klaus-Dieter: Krone, Berlin 1998.

Van den Berg; Henk: Krone im Bild (2 Bände), Holland, 2012 und 2016.

Originalliteratur

Bindels, Paul: Das Geheimnis des Circusdirektors Carl Krone – Seine Erfolge, sein Werk und seine Bedeutung, München 1932.

Dembeck, Hermann: Dompteur und Bestie, Berlin 1956.

Grzimek, Bernhard: Die Elefantenschule, Stuttgart 1954.

Hagenbeck, Carl: Von Tieren und Menschen, Leipzig 1928.

Janeck, Willy: Die großen Drei – Krone, Hagenbeck, Sarrasani, Preetz o. J.

Kober, August Heinrich: Rund um die Manege, Stuttgart 1928.

Kober, August Heinrich: Zirkus Renz, Berlin 1942.

Kober, August Heinrich: Der große Zirkusdirektor, Frankfurt a. Main, 1949.

Kober, August Heinrich: Carl Krone (Reprint), Gerolzhofen 2004.

Krone, Carl: Mein Leben, o. J.
Schulz, Chr.: Auf Großtierfang für Hagenbeck, Dresden 1919.
Sembach-Krone, Frieda: Circus Krone, Munchen 1969.
Stosch-Sarrasani, Hans: Sarrasani – Durch die Welt im Zirkuszelt, Berlin 1940.
Wilschke, Robert: Im Licht der Scheinwerfer, Berlin 1941.

Ausgewählte Literatur zur Geschichte des Zirkus

Althoff, Franz: So'n Circus, Franz Althoff erzählt, Freiburg 1982.
Baratay, Eric und Hardouin-Fugier, Elisabeth: Zoo – von der Menagerie zum Tierpark, Berlin 2000.
Bauer, Helmut: Non plus ultra! Circus – Kunst – München, München 2009.
Benjamin, Walter: Kritiken und Rezensionen, Band 3, Frankfurt a. M. 1991.
Busch, Paula: Das Spiel meines Lebens – Erinnerungen, Berlin 1991.
Circus im Nationalsozialismus: Circus, Freiheit, Gleichschaltung, Ausstellungskatalog, o. J.
Daniel, Noel: The Circus 1870–1950, Köln 2016.
Eberstaller, Gerhard: Zirkus und Varieté in Wien, Wien/München 1974.
Eberstaller, Gerhard: Circus, Wien – München – Zürich 1976.
Dallinger, Brigitte und Zangl, Veronika: Theater unter NS-Herrschaft, Göttingen 2018.
Dreesbach, Anne und Zedelmaier, Helmut: »Gleich hinterm Hofbräuhaus waschechte Amazonen«, Exotik in München um 1900, München 2003.
Günther, Ernst: Sarrasani, Geschichte und Geschichten, Dresden 2005.
Günther, Ernst: 33 Zirkusgeschichten, Berlin 1977.
Günther, Ernst: Sarrasani, wie er wirklich war, Berlin 1985.
Haerdle, Stephanie: Amazonen der Arena, Zirkusartistinnen und Dompteusen, Berlin 2007.
Havenstein, Klaus: Die Stadt auf Rädern, München 1969.
Hauke, Herbert und Eser, Arno Frank: Manege frei für Rock 'n' Roll, München 2013.
Köhler, Werner und Labonte, Edmund: Circus Roncalli – Geschichte einer Legende, Hamburg 1997.
Kuenheim, Haug von: Carl Hagenbeck, Hamburg 2015.
Kamp, Michael und Zedelmaier, Helmut: Nilpferde an der Isar – eine Geschichte des Tierparks Hellabrunn in München, München 2000.

Laurendon, Laurence et Gilles: Nouveau Cirque, Paris 2001.
Lehmann, Rolf: Circus, Magie der Manege, Hamburg 1979.
Malhotra, Ruth: Manege frei – Artisten- und Circusplakate von Adoph Friedländer, Dortmund 1979.
Havenstein, Klaus: Die Stadt auf Rädern – Zirkus hinter den Kulissen, München 1969.
Mathys, F. K.: Circus, Faszination gestern und heute, Aarau/Schweiz 1986.
Paul, Bernhard: Circus Roncalli, Hamburg 1983.
Prior, Ingeborg: Der Clown und die Zirkusreiterin, München 1999.
Prokop, Dieter: Geschichte der Kulturindustrie, Hamburg 2017.
Raulff, Ulrich: Das letzte Jahrhundert der Pferde – Geschichte einer Trennung, München 2016.
Rieke-Müller, Annelore und Dittrich, Lothar: Unterwegs mit wilden Tieren, Marburg/Lahn 1999.
Schmidt, Peter W.: Manege frei – Zirkusgeschichten, Stuttgart 1994.
Schramek, Helmuth G.: Erklär mir den Zirkus, München 1983.
Sewig, Claudia: Der Mann, der die Tiere liebte: Bernhard Grzimek, Bergisch-Gladbach 2009.
Winkler, Gisela und Dietmar: Die Blumenfelds, Geschichte einer jüdischen Zirkusfamilie, Gransee 2012.
Winkler, Gisela und Dietmar: Die große Raubtierschau, Berlin 1981.
Winkler, Gisela: Circus Busch, Geschichte einer Manege in Berlin, Berlin 1998.

Bildgeber:

Circus Krone, München
Circus Archiv Christoph Enzinger, Krems
Alexander Schoch, München

Rat und Hilfe gewährten:

Circus Museum Magdeburg
Frank Keller, München
Marburger Circus-, Variete und Artistenarchiv
Alexander Schoch, München
Laurenz Thoen, Oberhausen
Zirkus-Archiv Gisela und Dietmar Winkler, Berlin